学級経営サポートBOOKS

学級会からペア学習まですべておまかせ!

# 話し合いができるクラスのつくり方

山中 伸之

［著］

明治図書

## はじめに

　子どもたちに話し合いをさせたことのない先生は，おそらく一人もいないでしょう。
　それほど，話し合いは日常的な学習活動です。言わばありふれた，特別に際立つようなものではない学習活動です。
　しかし，話し合いを上手にさせたことのある先生となると，これは反対にかなり少なくなるのではないでしょうか。
　私もそうでした。

　話し合いをすると，いつも次のようなことに悩んでいました。
○決まった子だけが発言し，黙っている子はだいたいいつも黙っている。
○まったく発言が出ないことがある。
○理解力が高く，よい意見をもっているのに，自分から発言しない子がいる。
○それぞれが意見を言っているだけで，お互いの意見が交流することがない。

　これらは子どもたちの様子ですが，裏を返せば，以下のように，指導ができていないということです。
○決まった子だけにしか発言させることができない。
○黙っている子に発言を促すことができない。
○子どもたちに意見をもたせることができない。
○よい意見をもっている子に積極的に発言させることができない。
○互いの意見を交流させることができない。

　それでも私は，話し合いによって考えが練り上げられ，より価値のある適切な合意が形成されたり，自分一人で考えたのではたどり着けなかった，深い気づきを得たりする，そういう授業にあこがれていました。
　話し合いによる理想の授業にあこがれていました。

何とかしてよい話し合いの授業がしたいものだと思っていました。
　ですから，まったく愚直に，子どもたちに意見をもたせ，子どもたちに発言を促す実践をやり続けてきました。

　発言しようとしない子どもたちを叱ったこともありました。
　発言するまでずっと待ち続けたこともありました。
　報酬を与えて発言を促したこともありました。
　子どもたちの心を傷つけたこともありました。
　ずっと待ち続けて時間を無為に過ごしたこともありました。
　目的のために手段を選ばないようなこともありました。

　そのようなたくさんの失敗の中から，ほんのわずかですが，よい結果をもたらす実践が生まれました。
　そのわずかな実践の成果を少しずつ積み上げてみました。
　そのわずかな成果を繰り返して，少しずつ改善しました。
　そうしてでき上がったのが，本書で紹介している私なりの話し合いの指導の仕方です。

　話し合いの指導は簡単ですが，簡単には上達しません。
　指導する先生の根気が必要です。多くの時間と練習が必要です。
　それでも，話し合いの指導がうまくできなかった私でも，何とか話し合いを成立させることができました。
　ですから，子どもたちによい話し合いを体験させたいという熱意のある先生ならば，きっとうまくいくと思います。
　本書が先生方の話し合い指導の一助となることを願います。

2017年2月

山中　伸之

# CONTENTS もくじ

はじめに

## 1章 話し合いの成立はよい学級の証！

- 1 話し合いができると，こんなによいことが！ ……… 10
- 2 話し合いで規範意識の高い学級をつくる ……… 12
- 3 話し合いで認め合う学級をつくる ……… 14
- 4 話し合いで自治的な学級をつくる ……… 16
- 5 話し合いで楽しい学級をつくる ……… 18

## 2章 こんなところに原因が！話し合いの問題点克服法

### 1 学級経営の基盤が崩れている

- 1 真剣に話し合おうとしない ……… 22
- 2 話し合いに協力しない ……… 24
- 3 独善的，利己的な話し合いとなる ……… 26

- ☞ **4** 他の子の発言を促さない，否定的な発言が出る……28
- ☞ **5** 全体を考えた話し合いにならない……30

## 2 話を聞く態度・能力が育っていない

- ☞ **1** 話し合いのテーマがわからない，理解できない……32
- ☞ **2** 他の子の発言に耳を貸さない，傾けない……34
- ☞ **3** 互いに意見を言いっぱなし……36

## 3 自分の意見がない

- ☞ **1** 自分の意見をもとうとしない，考えようとしない……38
- ☞ **2** 意見があってもはずかしがって発言しない……40
- ☞ **3** 自分の立場を真剣に考えない……42

## 4 話し合い・討論のマインドセットの不備

- ☞ **1** 何のために話し合うのか，目的意識が薄い……44
- ☞ **2** 発言が乱暴……46
- ☞ **3** 意見を述べることの価値がわからない……48

## 5 話し合い・討論そのものの指導がなされていない

- ☞ **1** 方法を教えていない……50
- ☞ **2** おしゃべりはできるがお話はできない……52
- ☞ **3** 意見が噛み合わない……54

## 6 活用・習熟が足りない

- ☞ **1** できるまで習熟させていない……56

| ☞ | 2 | 日常化できていない | 58 |
| ☞ | 3 | 成功体験をさせていない | 60 |

# 3章 みるみる上達！話し合いスキルの指導法

## 1　自分の意見をもたせるための指導

| ☞ | 1 | YES か NO か，二者択一 | 64 |
| ☞ | 2 | 答えを選ばせる | 65 |
| ☞ | 3 | 簡単な一問一答 | 66 |
| ☞ | 4 | 理由を考えさせる | 67 |
| ☞ | 5 | 無理な理由を考えさせる | 68 |
| ☞ | 6 | ユーモアのある答えを考えさせる | 69 |
| ☞ | 7 | ノートに書かせる | 70 |
| ☞ | 8 | 時間を限る | 71 |
| ☞ | 9 | 「質より量」を奨励する | 72 |
| ☞ | 10 | 端的に書かせる | 73 |

## 2　発言することに慣れさせるための指導

| ☞ | 1 | 決まった答えの約束練習 | 74 |
| ☞ | 2 | 答えやすい問いを入れる | 75 |
| ☞ | 3 | 挙手指名にこだわらない | 76 |

| ☞ | 4 | 発言数を記録させる | 77 |

## 3　思考力を鍛えるための指導

| ☞ | 1 | まず量，それから質へ | 78 |
| ☞ | 2 | 違いを見つけさせる（対比） | 79 |
| ☞ | 3 | 似ているところを見つけさせる（類比） | 80 |
| ☞ | 4 | 理由を考えさせる | 81 |
| ☞ | 5 | 相手視点で理由を考えさせる | 82 |
| ☞ | 6 | 考えがまとまるまで待つ | 83 |

## 4　意見を嚙み合わせる指導

| ☞ | 1 | 端的に話させる | 84 |
| ☞ | 2 | 端的にメモさせる | 85 |
| ☞ | 3 | 引用して話させる | 86 |
| ☞ | 4 | 賛意を表させる―理由の繰り返し | 87 |
| ☞ | 5 | 賛意を表させる―理由の補強 | 88 |
| ☞ | 6 | 賛意を表させる―別観点からの理由 | 89 |
| ☞ | 7 | 異論を述べさせる | 90 |
| ☞ | 8 | 根拠の間違いを指摘させる | 91 |
| ☞ | 9 | 根拠の例外をあげさせる | 92 |
| ☞ | 10 | 論理の不備を見抜かせる | 93 |

## 5　発言意欲を高める指導

| ☞ | 1 | 手のあげ方の練習をさせる | 94 |
| ☞ | 2 | ノートを見て評価する | 95 |

| ☝ | 3 | 時間や分量で挑戦意欲をあおる | 96 |
| ☝ | 4 | 発言競争を行う | 97 |

### 6　話し合い・討論のマインドセットの指導

| ☝ | 1 | 発言すると自分が成長することに気づかせる | 98 |
| ☝ | 2 | 発言によりクラスが成長することに気づかせる | 99 |
| ☝ | 3 | 発言することは義務であると心得させる | 100 |
| ☝ | 4 | 発言内容と発言者を分けて考えさせる | 101 |
| ☝ | 5 | 否定されることに慣れさせる | 102 |
| ☝ | 6 | 語って育てる | 103 |

# 4章
# こうすればうまくいく！
# 場面別　話し合い指導のポイント

| ☝ | 1 | 「朝の会・帰りの会」での話し合い | 106 |
| ☝ | 2 | 「学級会（子ども中心）」での話し合い | 108 |
| ☝ | 3 | 「学級指導（教師コーディネート）」での話し合い | 110 |
| ☝ | 4 | 「児童会活動」での話し合い | 112 |
| ☝ | 5 | 「教科指導」での話し合い | 114 |
| ☝ | 6 | 「国語の授業」での話し合い | 118 |
| ☝ | 7 | 「道徳の授業」での話し合い | 122 |
| ☝ | 8 | 「社会や理科の授業」での話し合い | 126 |

# 1章
## 話し合いの成立はよい学級の証！

# ① 話し合いができると，こんなによいことが！

## ① 聞く力が高まる

　話し合いができるということは，相手の話を聞くことができるということです。

　当たり前のように思うかもしれませんが，昨今の子どもたちはこの当たり前のことがうまくできません。**話を聞くことができない**のです。

　例えば，教師や友だちが話し始めても，そちらを向きません。手元にある鉛筆，消しゴム，定規，紙切れなどをいじっています。

　また，一見聞いているようでも，理解しながら聞こうとしていないと，指示に従うことができません。

　このような聞き方では，とても話し合いは成立しないでしょう。

　逆に考えれば，話し合いができるようになるということは，お互いに上手に聞くことができるようになるということです。

## ② ルールを守るようになる

　また，話し合いができるということは，ルールを守れるということでもあります。

　話し合いを進めるには，お互いに話し合いのルールを守らなければなりません。例えば，**「相手の話は最後まで聴く」「指名されてから発言する」「なるべく短く話す」**などです。

　こういうルールが守られないと，建設的な話し合いにはなりません。声の大きい者，力の強い者の意見が通ってしまいます。

話し合いができるようになるということは、このようなルールをお互いに守って活動ができるようになるということでもあります。

## ③ 相手を尊重する

話し合いでは、相手の意見を否定することがあります。この場合、あくまで意見を否定するのであって、相手そのものを否定するのではありません。

しかし、このことがよくわかっていないと、意見を否定するとともに意見を述べた相手そのものを否定してしまうことがあります。

また、自分の意見が否定されたことを、自分自身が否定されたと受け取ってしまうこともあります。

そうならないためには、**意見と意見を述べた人とは別だと理解すること、意見のみを否定する方法を学習し、練習することが必要**になります。さらに、それらの前提として、相手を尊重するということも必要になります。

上手に話し合いができるようになるということは、相手を尊重しながら話し合うことができるようになるということです。

## ④ 協力・協働できる

さらに、話し合いというのは集団での活動ですから、互いに協力したり協働したりすることが必要になってきます。

我を通して自分の意見を声高に主張したり、自分ばかり何度も発言しようとしたりすることは慎まなければなりません。

**互いに協力してよりよい意見に練り上げていこうとしたり、話し合いを1つの作業と考えてみんなでつくり上げていこうとしたりする態度が必要**になってきます。

話し合いができるようになるということは、そういう態度が培われていくということでもあります。

#  話し合いで規範意識の高い学級をつくる

　話し合いの指導や実践を通して，規範意識を高めていくことができます。次のように行います。

## ① 話し合いのルールを確認する

　話し合いを行う際には，始める前に，必ず話し合いのルールを確認するようにします。
　話し合いのルールがわかっていない子は意外に多いものです。何となくわかっていても，はっきり意識していないこともあります。
　教師が指導を意識するためにも，はじめのうちは繰り返し話し合いのルールを確認するとよいでしょう。
　ルールは一般的に次のようなものです。
❶指名されてから意見を述べる（勝手にしゃべらない）。
❷反対か賛成か，立場をはっきりさせてから意見を述べる。
❸公的話法（常より，ゆっくり・はっきり・大きく）で話す。
❹感情的にならないで話す（泣かない・怒らない）。
❺相手を悪く言わない。
　この他に，学級の実態に応じてルールをつけ足すとよいでしょう。例えば，**普段あまり発言しない子が挙手した場合，優先的に指名する**といったことです。
　ただし，多くなればなるほど全部を意識するのが難しくなるので注意が必要です。

## ② 教師が仕切る

　話し合いの成否は,司会者の進行によるところが大きいものです。
　教科の授業中に,学習活動として話し合いを行う場合はもちろんですが,**学級会としての話し合いも,はじめのうちは教師が司会をして,子どもたちにお手本を示す**とよいでしょう。
　教師が司会進行を務める利点は,以下のようなことです。
❶ルールにのっとって話し合いを進行させることで,子どもたちにルールを守って話し合うことの大切さを教えることができる。
❷話し合いをスムーズに進行させることができるので,子どもたちに話し合いに対するよい印象をもたせることができる。
❸時間を見計らって進行し,時間内に結論を出すことができる。
❹子どもたちの意見を上手にさばくことができるので,無用な対立や感情的な意見を防止することができる。
❺子どもたちが話し合いを進行する方法を学ぶことができる。

## ③ 話し合いの中での指導を躊躇しない

　いざ話し合いが始まると,ルールに従わない行為を見過ごしてしまいがちです。話し合いの進行を滞らせることに不安を覚え,結論を導くことを急いでしまうためです。
　しかし,それでは規範意識は高まりません。反対に規範意識が低下していくことも考えられます。**ルールに従わない行動を黙認することで,「場合によってはルールに従わなくてもよい」という隠れたメッセージを教師が発していることになる**からです。ルールに従わない行為は,話し合いの進行や成果に影響が出たとしても,きちんと指導をしていくことが大切です。そうすることによって,話し合いを通して規範意識を高めることができます。

# 3 話し合いで認め合う学級をつくる

　子どもたちの話し合いがスムーズに進行するようになると，お互いに認め合える学級になります。そうなるために，次のことを意識して話し合いの指導をします。

## ① 相手の話を聞く

　お互いに認め合うということは，相手の存在そのものを認め合うということです。
　その第一歩は，相手の話を聞くことです。この場合の「聞く」は，**音声として受け取る**ということです。
　子どもたちの中には，だれかが発言していても，よそ見をしていて聞いていない子がいます。手遊びをしている子もいます。おしゃべりをしている子さえいます。
　こういう子がいるうちは，お互いに認め合う状態にはなっていません。
　だれかが発言を始めたら，
❶おしゃべりをやめ
❷発言者の方に（少しでもいいから）顔や体を向け
❸うなずくことで，聞いていると意思表示する
ことを教える必要があります。

## ② 相手の話を正確に理解する

　まわりの子が上記のように聞いていれば，話している側は自分の話をきちんと聞いてもらっているとわかります。それは受け入れられている，認めら

れているということでもあります。

さらに，それをもう一歩進めてみます。

子どもたちは（私たちも），だれかの意見を聞いて，それが自分の考えと同じならば好意的に受け取り，自分の考えと違うか反対ならば否定的に受け取りがちです。

そのため，**感情が先にあってそこに理由をつけてしまいます。**

これは話し合いとしては，あまりよいものではありません。

話し合いでは，落ち着いて理由や根拠の是非を判断することが必要だからです。場合によってはその判断に感情をつけ加えることもあるでしょうが，基本的には感情的にならない方がよい話し合いができます。

ですから，たとえその発言が自分の考えを否定するものであっても，感情的にならずに，落ち着いて発言の内容を正確に理解するように努めることが大切です。

そのことを折に触れて話して聞かせます。

## ③ 真摯に応対する

発言をしている子の方を向いて聞き，聞いた内容を正確に理解しようと努めることは，互いに認め合うために必要なことです。

では，それだけで十分かと言えば，必ずしも十分ではありません。

例えば，発言者の話を真面目に聞き，正確に理解したとします。しかし，そこで終わってしまって，聞いていた子たちから何の反応もなかったとしたらどうでしょうか。発言した子はおそらく「無視された」「相手にされなかった」と思うでしょう。

ですから，だれかの発言に対して応対することがもう1つ必要になります。

そこでまずは，賛成か反対かの意思表示をするよう指導します。**たとえ反対でも，真摯に理由を述べることが相手を認めることにつながるのです。**

# 話し合いで自治的な学級をつくる

　ある学級集団が教師の適切な指導のもとに、子どもたちによって自治的に運営されているとしたら、その学級は1つの理想的な形に育っていると言ってもよいでしょう。
　すべてが自治的に運営されなくても、自治的な運営が1つでも2つでも増えていくことは、学級にとって大きな成長です。
　そんな自治的な運営をするうえで、話し合いは欠かすことができません。
　次のような指導を心がけて、自治的な活動を増やしていきます。

## ① 学級の諸問題を取り上げるシステムをつくる

　学級で起こる様々な問題を子どもたちが取り上げて、子どもたちが話し合って解決するシステムをつくります。
　このシステムができていない場合、学級内の諸問題を子どもたちは担任教師に訴えます。**担任教師が解決する機関となっているから**です。
　担任教師が解決している限り、子どもたちによる自治的な学級運営はなかなかできるようにはなりません。いつまでも教師を頼るからです。
　例えば、次のように決めておきます。

❶子どもたちから議題（学級内での諸問題や、よりよい学級にするための提案など）を受けつける方法を決めます。議題箱の設置などです。
❷集まった議題から話し合うべき議題を決め、おおまかな進行を考える係（運営係）を決めます。運営係の実際の話し合いには、教師が入ってもよいでしょう。
❸次の学級会をいつ行うか、どんな議題で行うかを子どもたちに知らせ、どんな準備をしておいてほしいかを掲示します。このとき、受けつけた議題

によっては個人攻撃になることもあるので，そうならないように議題の表現には配慮します。

こうすることで，学級の子どもたちは，自分たちの思いや提案が学級全体で話し合われることがある，ということを学びます。

自分たちが学級集団を運営していくのだという意識が高まります。

##  採決の方法を工夫する

過半数の多数決は議決のための方法の1つです。かなり便利な方法ですし，やり方も簡単です。ただし，例えば31人の学級があり，A案に賛成が16人，B案に賛成が15人となった場合でも，安易にA案が採択されるということになりがちです。

これでは，場合によってはB案を支持している子どもたちに不満が残ったり，消化不良になったりするでしょう。

それでは，自分たちで自分たちの学級を運営しているという意識はもちにくくなってしまいます。

そこで，どんな場合でも多数決を行うことはせず，次のように，**話し合いのはじめに今回の議決をどう行うかを確認します。**

❶過半数の多数決

単純に過半数を得た案を採択する。案が複数ある場合は，いずれかの案が過半数となるまで絞り込んでいく。

❷特別多数の多数決

過半数ではなく，5分の3とか3分の2とかの支持を得た案を採択する。慎重に採択を行う必要がある場合に用いる。

❸全員一致

お互いの案を少しずつ譲歩し合い，妥協できる内容まで話し合うことで，全員が賛成できる案をつくる。

# 5 話し合いで楽しい学級をつくる

　話し合いが上手にできるようになると，いろいろな面で楽しみが増えてきます。次のようなことです。

## ① 話し合いそのものが楽しくなる

　上手な話し合いができるようになると，話し合いがスムーズに行えるようになります。
　お互いに相手の感情を刺激するような言い方や態度を控えるようになります。たとえ自分の考えが否決されたとしても，それで気分が大きく落ち込むようなことがありません。
　だれにでも自分の意見を述べる機会が与えられます。その与えられた機会を生かすか生かさないかの自由もあります。
　**他の子の発言を聞いているだけでも楽しい時間**になります。
　このような話し合いができるようになれば，話し合いそのものが楽しい時間になります。

## ② 楽しいイベントの企画ができる

　学級会活動の議題は大きく2つあります。クラスの諸問題の解決と学級イベントの実施です。
　学期末や年度末に，お楽しみ会や学級解散パーティの計画を立てることは，比較的多くの学級で行われているでしょう。
　話し合いが上手にできるようになると，これらの楽しい学級イベントの内容も充実してきます。だれもが話し合いに積極的に参加し，意見を述べ，ま

た意見が大事にされるからです。
　例えば，レクリエーションでスポーツをすることになったとします。
　ただスポーツをするだけでも楽しいのですが，話し合いを通して様々なアイデアが出されれば，もっと楽しくなります。
　例えば，**優勝チームに賞状を出そうとか，ルールを変更してたくさんの子が一度に参加できるようにしようとか，ハンディキャップのある子がいればその子のための配慮をどうするか**といったことです。
　その結果，イベントがさらに楽しくなります。

## ③ 授業が楽しくなる

　話し合いは，学級会活動に限られることではありません。むしろ**学習に関する話し合いの方が多い**でしょう。
　国語で文章の読み取りを話し合い形式で進めることはよくあります。
　社会では，例えば，その土地でどうしてその品物が特産品になっているのかを，小グループでの話し合いで考えることもあります。
　理科では，実験をする前に結果を話し合って予想することもあるでしょう。実験の結果から考えられることを話し合いで深めていくこともあります。
　話し合いが上手にできるようになると，授業の中での話し合いもうまくいき，その結果，授業が楽しくなってきます。

## ④ 児童会活動が楽しくなる

　高学年になると，委員会やクラブ活動や代表委員会活動などに参加することになります。いずれもそこでは話し合いが行われます。
　**上手に話し合える子どもたちが何人かいれば，話し合いをスムーズに進行してくれる**でしょう。そうすると，児童会活動がより充実します。

# 2章

## こんなところに原因が！
## 話し合いの問題点克服法

#### 1　学級経営の基盤が崩れている

 **真剣に話し合おうとしない**

> 　学級経営がうまくいっていないと，話し合いもうまくいきません。話し合いに真剣にならないからです。真剣にならないのですから，自分の考えを真剣に述べることもありません。
> 　自分の意見をもつ方法がわからないのではなく，もとうともしない状況です。話し合いの前に，学級集団を育てることが必要になります。

### 原因　集団という意識が育っていない

　当たり前のことですが，1人では話し合いはできません。2人以上いないと話し合いになりません。

　では，2人以上いれば自然と話し合いが生まれるかと言えば，そんなに簡単でもありません。2人以上いても話し合いにならないことはあります。それは，その集まりが集団になっていないからです。

　集団の定義はいろいろあると思いますが，**共通の目的をもっている，共通のルールをもっている**ということも定義の1つでしょう。

　共通の目的をもっているから，話し合ってお互いの意見を確認し合ったり知恵を出し合ったりすることが必要になります。また，話し合うことになれば，そのルールも必要になります。

　しかし，2人以上の人が集まっていても，それが集団でなければ，共通の目的もルールもありません。ですから，話し合う必然性もありません。こう

いう集まりを「烏合の衆」と言うことがあります。
　学級も始まったばかりのころは，同じ年齢の子どもたちが便宜的に集まっているだけの烏合の衆です。
　この学級を集団にしていくことが求められます。

## 克服法 ❶目的をもたせる

　まず，学級の目標を決めましょう。
　どんな学級にしたいのかを子どもたちに考えさせます。子どもたちは理想的な言葉を並べるでしょう。「最後までがんばる」「みんなで協力」「元気にあいさつ」などです。
　大事なのは，**それを達成するために自分は何をするのかを考えさせる**ことです。そうしないと，学級の目標が一人ひとりに意識されません。それでは絵にかいた餅になってしまうでしょう。
　教室の前面の黒板の上部に貼られているだけの学級目標にしないためにどうするか，そういうことを話し合っていくのもよいと思います。

## 克服法 ❷学級ルールをつくる

　集団に所属する人たちが気持ちよく生活するためには，ある程度のルールが必要になります。
　その中には，マナーやエチケットの範囲ではあるものの特に強調しておきたいことから，その集団で特別に決められるルールまでいろいろあります。
　そういうルールを決めて，はっきりとわかるようにしておく必要があります。**何度も繰り返して話したり，紙に書いて貼っておいたりするとよいのではないでしょうか。**
　ルールがあれば，生活のいろいろな場面で集団を意識させることにもつながります。

1 学級経営の基盤が崩れている

 話し合いに協力しない

　グループで話し合う場面で，話し合いに参加せずに黙ったままの子がいます。黙っているだけで時間が経ってしまいます。
　学級全体で話し合うより小集団の方が話しやすいのですが，それでも黙っていたり，隣の子と関係ない雑談をしていたりする子がいます。
　話し合うことも協力することの1つだという意識がないのです。

### 原因　協力するとはどうすることかがわからない

　教室では日常的に「協力しよう」「協力することが大事」などの言葉が使われます。それだけ学級集団においては大事なことと言えます。
　しかし，協力とはいったい何をどうすることなのでしょうか。
　辞書的な意味は「力を合わせて事に当たること」です。
　それは，実際の場面でどのように行動することなのでしょうか。
　協力するということは，やや細かく言えば，**集団の目標を達成するために必要ないくつかの事柄のうち，自分にできること・やるべきことを分担して，責任をもってそれをやり遂げるということ**です。
　例えば，社会科の授業で「雪国の人々の暮らしの工夫をグループで考えよう」という課題が出されたとします。
　この場合，集団の目標は「雪国の人々の暮らしの工夫を考える」ということになります。そのためには，教科書を見て工夫を探すこと，自分で考える

こと，自分のそれまでの経験や知識から思い出すこと，それらを他のメンバーに伝えること，他のメンバーの意見を聞いて判断すること，などが必要となります。

　それらのうち，自分にできることを責任をもってやることが協力するということです。

　こういうことを，事あるごとに教えていくことが必要になります。

### 克服法 ❶協力する体験を積ませる

　協力して何かをする体験をさせます。
　例えば，**グループになって学級の旗のデザインを画用紙にかかせます。**
　まず，目標は何かを明確にしましょう。この場合は，学級の旗のデザインをかくということです。
　次に，そのために何をしなければならないかを考えさせます。旗にかきたいものを各自考えること，考えを発表すること，他の人の意見を聞いて判断すること，下絵をかくこと，色を塗ることなどが考えられます。
　その中から自分がやるべきこと，自分にできることを決めさせます。
　決めたことに責任をもって取り組ませます。

### 克服法 ❷話し合いに協力する体験を積ませる

　話し合うということに限定して，協力する体験を積ませます。
　**学級全体で話し合う場合に，協力を意識させましょう。**やり方は上に述べたことと同じです。
　まず，目標を明確にします。次に目標達成のために必要なことを考えさせます。そして，それらの中から，自分がやるべきこと，自分にできることを選ばせます。
　その後話し合いを行います。

1 学級経営の基盤が崩れている

## ３ 独善的，利己的な話し合いとなる

> 話し合いに積極的に参加するようになるのはよいことです。進んで意見を述べたり，他の人の意見に賛成か反対かの意思表示をしたりするようになることです。
> ただし，それらの意見が独善的であったり利己的であったりすると，集団にとってマイナスになることもあるので注意が必要です。

### 原因 相手意識の欠如

　子どもたちの考えは，放っておくとどうしても自分中心になりがちです。
　自分中心の意見ばかりを言い合っていると，お互いに主張するばかりで折り合いがつかず，最後は挙手による多数決で決めることになります。
　お互いに相手の意見に納得しているわけではないので，少数派として否決された側には不満が残ることもあります。多数決の結果がわずかの差であればなおさらです。
　意見が独善的で利己的なままに話し合いが進んでしまうのは，相手の立場に立って考えることをしないからです。つまり，相手意識が低いか抜け落ちているのです。
　同じ状況を前にしても，**その人の立場や考え方やそのときの心理状態などによって見方は変わります**。そのことが意識できれば，自分のことだけを考えた独善的な意見は少なくなるでしょう。

## 克服法 ❶「相手になって」考える練習を行う

よく「相手の立場に立って考えてみよう」と言います。相手を意識させるために使われます。

しかし、「相手の立場に立つ」というのは、簡単そうでいて、実はどういうことなのかがわかりにくい言葉です。立場が抽象的だからです。

そこでもっと簡単に「相手になって考えてみよう」と指導します。相手になるとは、**自分がその相手とチェンジする**ということです。

こうして考える練習を行います。

## 克服法 ❷自分も相手もOKの方向を考えさせる

話し合いは、ある意味、**「自分もOK、相手もOK」という意見を模索し、つくり上げる活動**です。

そのことを教えて意識させると、中学年から高学年の子どもたちは、そういう方向で考えることができるようになります。

## 1 学級経営の基盤が崩れている

## 他の子の発言を促さない，否定的な発言が出る

> 活発で発言力のある子どもを中心に話し合いが進んでいく場面はよくみられます。そんな話し合いでは，黙っている子はずっと黙っています。まわりの子を思いやることができると，黙っている子に発言を促したり，意見を聞いたりして進めることができます。そういう話し合いでは，だれかの意見を頭から否定するような心ない発言もみられなくなります。

### 原因　話し合いでの思いやり方がわからない

　思いやりの大切さは，改めて言わずともだれもがわかっています。
　ただ，**具体的にどうすることが相手を思いやることになるのかは，その場の状況によって変化します**。子どもたちは，話し合いの際にどうすることが思いやることなのか，具体的にわかっているでしょうか。それがわかっていないと，実際に思いやりのある行動をとることはできません。
　話し合いの時間，発言せずにずっと黙っている子がいても気にならない，相手の発言を強い口調で否定する，見下したような言い方をする，そういうことは，話し合いでの思いやりを知らないために起きます。

### 克服法　❶話し合いでの思いやりを考えさせる

　これは授業として行ってもよいでしょう。

「話し合いのときに相手を思いやるとはどうすることか」というテーマで，子どもたちと考えてみます。

まず，話し合いのときに困ったことや嫌な思いをしたことを発表してもらいます。発表するのが恥ずかしい場合は，事前に紙に書いてもらいます。

・考えが思い浮かばない
・発表するのがはずかしい
・意見を言わなくちゃいけないと思うと緊張する
・意見が出ないと，どう進めたらいいかわからない（司会者）
・傷つくような言い方をされる
・反対されるのがちょっと嫌
・話し合いの後で文句を言われる
・多数決ですぐ決めてしまう

これらについて，「そういうことをしないようにする」と確認するだけでもよいのですが，もう一歩進んで，

**「1人でもこういう気持ちになる人がいないようにするために，自分がしなくてはならないこと，自分にできることは何ですか？」**

と子どもたちに問います。

この後，自分にできること，やるべきことを発表させます。

## 克服法 ❷話し合いでの思いやりを掲示する

前項で子どもたちから出された「自分にできること，やるべきこと」は「話し合いでの思いやり」として，画用紙にまとめておきます。

話し合いが始まったら，**「話し合いでの思いやり」を黒板に掲示し，一度確認をします**。確認後は端に移動するか取り外します。

これを繰り返していくと，心ない言動で嫌な思いをすることが減り，話し合いが楽しくなっていきます。

## 1 学級経営の基盤が崩れている

## 5 全体を考えた話し合いにならない

> 子どもたちの個人的な好みや都合が意見の根拠となっていて，全体にとって何がよいのかという視点が欠けていることがあります。話し合い自体は活発で，子どもたちにも悪気はありませんが，みんなのためを考えるというところまでいきません。
> これは，公共のためを考える，という視点がないからでもあります。

### 原因 子どもの社会は狭い

　子どもたちに公共のためという視点をもたせるのは難しいと言えます。子どもの社会はそもそも狭いものだからです。
　特に**低学年，中学年の子どもたちにとっての社会は，家族や大きくても学級であり，公共という視点で考えることはなおさら難しい**と言えます。
　高学年になれば，学校全体を考えて行動することが求められますし，学校を代表して校外に出る機会もあります。公共のためということを，多少は意識することができるでしょう。それでも，そういう機会のない子も多いでしょうから，難しいことに変わりはありません。

### 克服法 ❶「王様視点」で考えさせる

　大局的な視点をもたせるために，次のように仮定して考えさせます。

「みなさんは，この国の王様です。王様は『国中の人が幸せになるようにするにはどうすればよいのか』を考えなければなりません。**あることをするために一部の人が我慢したり，嫌な思いをしたりするようでは，王様として失格**です。こうやって王様として，どうすればよいかを考えることを『王様視点で考える』と言います。話し合いで自分の意見を述べるときには，この王様視点で考えることも大事なことです」

## 克服法 ❷ 「王様視点」で考える練習を行う

王様視点で考えるには練習が必要です。
話し合いとは別に，練習の機会を設けるとよいでしょう。
グループで行います。子どもたちは王様で，教師が国民代表です。国民代表は王様にお願いをします。例えば「休み時間にボールを使って遊びたいのですが，よい方法を考えてください」とお願いしたとします。これに対して，**王様グループは国民全員が満足できそうな方法を考え，答えます**。いくつか出されるアイデアの中から，最もみんなのためになるものを選びます。
このような活動を数回行うと，王様視点で考えられる子が出てきます。

## 2 話を聞く態度・能力が育っていない

 話し合いのテーマが
わからない，理解できない

> 話を聞くことができない子が増えています。話し手を見ない，別の方を向いている，別のことをしている。そういう子はもちろん，黙って話し手を見ている子の中にも，話の内容を理解していない子はいます。
> そういう子は話し合いの進行状況も理解できていないことが多く，話し合いに参加しているようで，実は参加できていません。

### 原因 聞く指導があまり行われていない

　話すことも聞くことも，人は成長につれて自然にできるようになっていきます。ですから，特別な学習をしなくても，多くの人が聞くことも話すこともできます。
　ただし，上手に伝えるためには，相応の知識や技術が必要ですから，適切に話すための指導が行われています。
　これに対して，聞くための指導はほとんど行われていないと言ってよいでしょう。たとえ指導されたとしても，話し手を見るとか，うなずいて聞くとか，指を折って聞くとか，聞くときのマナーやちょっとしたコツがほとんどです。聞くことに特別な練習が必要だとは考えられていないからです。
　ところが，最近の子どもたちの中には，**指導をしなければ聞くことができない子が増えてきました**。多くの学校で，低学年の教室に，聞くことがうまくできない子が何人かいるのではないでしょうか。

それなのに，聞くことの指導は必要ないと相変わらず考えられています。これが，子どもたちが話を聞かなくなった原因の1つであると考えることができます。

## 克服法 ❶聞く指導を低学年から行う

まず，聞く指導を行わなければ，正確に理解して聞くことができない子がいるということを受け入れる必要があります。そうすれば，そういう子たちへの指導が行われなければならないという発想が出てきます。

指導はなるべく早い段階から行います。低学年から行うとよいでしょう。

学校では学びの中心は聞くことですから，**正確に聞けないということは学力にも影響してきます**。なるべく早い段階から正確に聞くことができるように指導すべきです。

## 克服法 ❷話を聞く「構え」を指導する

聞くことの指導は数行で話せるほど簡単なことではありませんが，ここではいくつかのポイントを示します。

- 10分程度の指導をなるべく毎日行う（継続することによって効果が高まるため）。
- まず，話を聞く「構え」の指導を行う（簡単に言うと，体を動かさないでいられるようにするということです。これがなかなかできない子が意外に多くいます）。
- 聞いているかどうかは，動作や書き取りをさせて確認する（数字やひらがなを読み上げて，それを筆記させたりします）。
- 集中力が必要になるので，時間が長くなる場合は適宜リラックスする時間をとる。

2 話を聞く態度・能力が育っていない

## 2 他の子の発言に耳を貸さない，傾けない

> 話をきちんと聞くことができたとしても，他者の発言に耳を傾けることができるとは限りません。話し合いをしていると，お互いに自分の意見を述べるだけという状況になってしまうことがあります。
> 　他者の発言に耳を傾けるということは，単に話を静かに聞くということではないということが理解されていないわけです。

### 原因　発言に耳を傾けることの意味がわからない

　他者の発言に耳を傾けるということは，どういうことでしょうか。もしかしたら，先生方の中にも誤解している人がいるかもしれません。教師が誤解していたら，子どもたちが正しく理解することは難しいでしょう。

　他者の発言に耳を傾けるということは，「発言している人の方を見て」「静かに，動かずに」「うなずきながら」「メモをしながら聞く」ということでしょうか。

　確かに，そのような態度やマナーは大切なことです。それがなければ，他者の発言に耳を傾けているとは言えません。しかし，これだけではまだ足りないのです。

　他者の発言に耳を傾けるとは，**他者の意見と自分の意見とを比較して，そこからよりよい考えを練り上げていくという作業を行う**ことです。これがなければ話し合いをする意味は半減してしまいます。

このことを子どもたちが理解していないことが、他者の発言に耳を傾けない大きな理由です。

## 克服法 ❶他者の発言に耳を傾けるとは何かを教える

　話し合いで他者の発言に耳を傾けるとは、他者の意見と自分の意見とを比較して、そこからよりよい考えを練り上げていくという作業を行うことです。
　まずは、このことを**子どもたちに説明して理解させることが必要**です。

## 克服法 ❷具体的に説明する

　具体的にはこんな内容を学年に応じて話すとよいでしょう。
　「話し合いは競争ではありません。**自分の意見や考えがみんなから選ばれるのがよいのではありません。**
　自分の意見やみんなの意見を比べて、その中からみんなのために一番いいと思う意見を選んだり、意見を組み合わせてもっとよい考えをつくり出したりすることが話し合いのねらいです」

**2 話を聞く態度・能力が育っていない**

## 互いに意見を言いっぱなし

　たくさんの子が自分の意見を述べ，一見すると活発に盛り上がっているように見える話し合いがあります。しかし，よく見てみると，それぞれが自分の意見を言っているだけで，意見が噛み合ったり，比べられたり，検討されたりすることがありません。
　このような話し合いでは，深まりがありません。

### 原因　司会者が意見を広げていない

　子どもたちの発言が言いっぱなしになってしまうのは，発言をコーディネートすることができていないからです。
　話し合いをコーディネートするのは，進行役である司会者や教師の役割と言ってよいでしょう。授業の中では教師がコーディネートしますが，学級活動などでは子どもたちの中から司会者が選ばれます。
　司会者への指導が十分に行われていないと，コーディネートは難しいものです。

### 克服法　❶司会者への指導を行う

　司会者に意見をコーディネートする方法を教えておきましょう。
　次のことを**「司会進行カード」**などに書いておきます。

❶意見が出たら，簡単にまとめてみんなに伝える。
❷質問がないか確かめる。
❸最初の意見と同じような意見，つけ足しの意見を聞く。
❹最初の意見と反対の意見を聞く。
❺意見が出ないときは，近くの人と話し合う時間をとる。
❻簡単に多数決をとらないようにする。

## 克服法 ❷教師が適宜介入する

　話し合いの司会進行は意外に難しいものです。計画を立てていても，その計画に沿って進むとは限らないからです。むしろ，**計画通りに進まないことの方が多く，状況によって変化していきます。**

　そういう状況に即座に対応していくのは，高学年の進行に慣れている子でないと難しいでしょう。

　そこで，話し合いがスムーズに進まなかったり，意見が噛み合わなかったりしていたら，教師が適切に介入することが必要になります。それは話し合いの指導にもなり，次回の話し合いに生きてきます。

### 3 自分の意見がない

 **自分の意見をもとうとしない，考えようとしない**

> 話し合いが成立するためには，子どもたちが自分の意見をもつ必要があります。意見をもたない人が何人集まろうと話し合いは始まりません。意見をもたせることは，話し合いを成立させるために，まずやらなければならない指導です。意見をもって話し合いに臨めば，主体的に話し合いに参加することができます。

## 原因 意見をもたないのが普通になっている

　先生方のクラスにも，自分の意見をもたないで話し合いに臨む子はいないでしょうか。私の経験では，**むしろ自分の意見を明確にもっている子の方が少ない**ように思います。ただ何となく話し合いに参加していて，時間が経つのを待っているという感じです。

　自分の意見をもっている子が少ないのですから，意見を発表する子はもっと少なくなります。自分の意見をもっている子が必ずその意見を発表するとは限らないからです。

　かくして，話し合いが限られた数名の発言で進んでいくということになります。限られた数名の発言があればまだいい方で，時に意見がまったく出なくなってしまって，進行係が苦労するということもあります。意見をもたないことが当たり前になっているとこうなります。

## 克服法 ❶ まずは教師と子どもの意識を変える

　まずは，自分の考えをもつということに対する意識を変えてみましょう。
　私たちは「意見をもつのは特別な立場の人，特別な能力のある人」という考えをもっていることがあります。この場合の意見は，いわゆる名案，優れた考えです。**立派な意見をもたなければならないと考えていると，自分の意見はもちにくい**ものです。
　しかし，意見は名案でなければならないということはありません。そのときのその人の立場で感じたこと考えたことで十分ですし，むしろそれが大事です。このように意識を変えれば，自分の意見ももちやすくなるでしょう。
　また，意見は特別な人だけが述べればよいというわけではありません。全員が意見を述べて集団の意思決定に参加するという態度が大事です。
　つまり，意見を述べるのは当然で，だれもが意見を述べなければならないと考えるのです。まず，このことを教師も子どもも話し合いの前提とします。

## 克服法 ❷ 考え，立場を書かせる

　自分の意見をもたせることが大事とはいえ，子どもたちに「では，自分の意見をもちましょう」と言うだけではなかなか意見はもちにくいものです。
　そこで，自分の意見をノートに書かせてみましょう。こうするだけで，自分の意見をもつ子が格段に多くなります。自分の意見を書くことで，考えを明確にすることもできます。忘れ防止にもなります。
　なかなか書けない子には，**立場のみを書かせるだけでもよい**のです。賛成か反対か，やるかやらないか，2時間目か3時間目か，こういうことを自身に問うて選択させます。理由が書けている子のノートをいくつか読ませ，自分の考えに近いものを選ばせてもよいでしょう。
　意見をもつことで，主体的に話し合いに参加することができます。

3 自分の意見がない

## 意見があっても
## はずかしがって発言しない

> 話し合いは意見をもっているだけでは成立しません。その意見を何らかの形で伝えなければならないのです。通常は声による発言によって伝えます。この発言がなければ，だれがどのような考えをもっているかがわからず，賛成も反対もすることができません。自分の意見や考えを発言するということも，話し合いには必須の行為です。

### 原因 間違えたくないという羞恥心

　子どもがなかなか発表しない，発言しないという嘆きを聞くことがあります。特に高学年になるにつれて，その声は多くなるようです。
　子どもたちが発言に尻込みしてしまう理由は何でしょうか。
　アンケートをとってみると，「間違うと嫌だから」「発表するのがはずかしいから」「友だちから何か言われるから」などの理由があげられます。それまでに体験した，うれしくない出来事の記憶が影響しているのでしょう。
　しかし，まったく発言がなければ話し合いは成立しません。数名の発言で進む話し合いは建設的ではありません。自分の意見を発言させたいものです。

### 克服法 ❶安心感をもたせる

　まず，発表はノートに書いた自分の考えをそのまま読むことにします。そ

のまま読むのですから簡単です。少なくとも「ノートはあまり見ないで，自分の言葉で話す」という指示よりもずっと安心できるでしょう。

次に，**自分の書いた考えを事前にだれかに見せたり話したりする時間を設けます。**つまり事前練習です。

こうすることで，いきなり学級全体に向けて発表するよりも安心できます。詳しくは後述しますが，このときに教師も見て，ほめたり○をつけたりしてあげると，さらに安心します。

### 克服法 ❷練習を繰り返す

カラオケを思い出してください。最初は遠慮したりはずかしそうに歌ったりしている人も，2曲目，3曲目になるにつれて，少しずつ自信がついてきて，思い切り歌うようになるものです。

発表もカラオケだと思ってください。

繰り返し練習することで自信がついてきます。**簡単な発言例文を用意し，順番で発表したり，教師が指名して発表したりする練習を何度も繰り返してみるのも意外に効果的**です。

## 3　自分の意見がない

# ③ 自分の立場を真剣に考えない

　話し合いでは，自分の立場（賛成か反対か，A案かB案かC案か）をはっきりと表明する場面があります。最終的な議決の場面以外にも，進行上必要になることがあります。そのような場面で自分の立場をはっきりさせなかったり，適当に選んでいたりすると，話し合いが成立しなかったり，決まったことが守られなかったりしてしまいます。

### 原因　内容が理解できない，重要性を自覚しない

　子どもたちの中に，自分の立場を決めない子，自分の立場を決めるのに無頓着な子がいることがあります。

　理由の1つは，話し合っている内容が理解できない，理解しようとしないということです。「賛成か反対かどちらかに手をあげてください」と言われたときに**「何に賛成か反対なのかわからない」**という子です。何について話し合っていて，何について自分の立場を決めるときなのかがよくわかっていないのです。

　もう1つの理由は，自分の立場を決めることの重要性を自覚していないので，真剣に考えようとしないということです。**「まあ，こっちでいいや」「どっちでもいいや」**となってしまう子です。結果がどうなっても自分にはあまり関係がないと思っているのです。

### 克服法 ❶板書と言葉で確認する

　何について話し合っているのか，どんなふうに進行しているのか，今やるべきことは何か，そういうことをはっきりとわかるようにするのが板書の1つの役割です。

　そういうことを意識して板書をするようにします。または，記録係がそういう板書記録が書けるように指導しておきます。

　さらに，**自分の立場をはっきりさせる前に，司会者が今までの流れを簡単に振り返り，どういう経緯で立場をはっきりさせることになったのかを言葉で説明する**ことも有効です。

### 克服法 ❷理由を書かせる（言わせる）

　自分の立場をはっきりさせるには，どの立場を選んだのかを書かせることです。または，隣の子に言わせてみることです。こうすることで，いずれかの立場をとらざるを得ない状況に子どもたちを立たせることができます。**何もしないでいることができないようにさせるわけです。**

　さらに，その立場をとった理由を考えて書かせたり，隣の子に話させたりしてみます。理由を考えることで，どの立場にするのかを真剣に考えるようになります。いい加減に，適当に選ぶというわけにはいかなくなります。

### 克服法 ❸話し合いの前にひと言伝える

　普段から話し合いの大切さや目的を指導することが大事ですが，話し合いを行う前に心構えをひと言伝えておくことも必要です。**話し合いでは自分の立場を責任をもって決めることが大事**だということです。できれば個人の好みだけでなく，全体を考えて立場を決めさせたいものです。

### 4 話し合い・討論のマインドセットの不備

## 何のために話し合うのか、目的意識が薄い

> ただ何となく話し合いをしているのでは、よい考えには至りません。何となく話し合っているという状況になってしまうのは、それぞれが話し合いの目的を意識していないからです。
> 何となく話し合っている状況が続くと、子どもたちもそれでよいのだと思ってしまいます。

話し合いの目的を指導していない

　何のために話し合いをするのか、ということを子どもたちに適切に指導している学級は意外に少ないのではないでしょうか。話し合うという活動が円滑に行われるにはどうするか、という技術面にばかり目が向いてしまうからではないかと思います。

　すべての活動には目的があります。目的を達成するために活動を行っているわけです。ですから、目的を一度は全員で確認する必要があります。

　普段は、活動の方法や目の前の状況に気をとられ、目的が意識できないかもしれません。それでも、**活動がうまくいかなくなった場合や迷った場合などは、目的を意識することでよい方向に向かうことがあります。**

　話し合いの目的は何なのかを指導していないと、ただ話し合いをしているだけ、という状況になってしまうこともあります。

## 克服法 ❶話し合いの目的を教える

　話し合いを何のために行うのかを押さえておきましょう。
　話し合いの目的はいくつかあります。
・集団の合意を形成する。
・集団の利益となる，よりよいアイデアを考え出す。
・アイデアを出したり比較したりして思考力を高める（授業）。
　次のようにクイズ形式で行うのも1つの方法です。
問1　話し合いで一番大事なことはどれ？
　　　1　自分の考えを変えずに，最後まで責任をもって言い続けること
　　　2　なるべく黙って他の人の意見を聞いていること
　　　3　自分の考えと他の人の考えを比べて，よりよい考えを出すこと
　　　4　自分はなるべく遠慮して，他の人の考えに賛成すること
問2　話し合いで身につく力は何？
　　　1　大きな声を出す力
　　　2　比べて考える力
　　　3　他の人の考えを想像する力
　子どもたちに番号を選ばせてから，それを選んだ理由を考えさせます。理由を発表させ，最後に教師が説明をするとよいでしょう。

## 克服法 ❷話し合いの際に確認する

　話し合いをする際には，これらの目的を確認してから始めます。そうすることで，子どもたちも目的を意識しながら，話し合いに臨むことができます。
　**画用紙に話し合いの目的を書いて，話し合いの最中は黒板に貼っておくと**よいでしょう。子どもたちが自然と意識することができるようになるまで続けます。

4 話し合い・討論のマインドセットの不備

## 2 発言が乱暴

子どもたちの中には，話し合っているうちについつい気が高ぶってしまって語気が強くなる子がいます。一生懸命にやっているので悪気はないのですが，それが高じてくると，反対意見を述べる際に，乱暴な言葉づかいをしてしまいます。話し合いの雰囲気が悪くなり，否定された子も傷つくことがあります。

### 原因　発言時の態度が指導されていない

話し合いでの発言は落ち着いて行う。乱暴な言葉を使ってはならない。反対意見を述べる場合でも，丁寧な言葉で行う。

こういうことが指導されているでしょうか。当たり前のことですが，こういうことが指導されていないと，乱暴な言葉が出ることがあります。

また，**つい乱暴な言葉を述べたとき，それをそのまま流してしまうと，子どもたちはそれでよいのだと判断することがあります**。その場でその言葉を取り上げて，不適切であることを指導しないからです。

### 克服法　❶話し合いへの参加態度を指導する

話し合いにはどのような態度で臨むのがよいのかを指導します。

通常は，「自分の意見をもって，それを積極的に発表する」「他の人の意見

もよく聞く」などの指導が行われるでしょう。

　これに加えて、「話し合いでは、お互いに相手のことを大切にする」ということをぜひ指導しておきたいものです。

　話し合いでは、どうしても否定したり否定されたりする場面が出てきます。**相手を否定するからこそ、相手を大切にしなければなりません。**そういう心持ちを指導しておくことが大事です。

### 克服法 ❷その場で指摘する

　言葉の指導で大切なことは、そのときその場で指導するということです。後で改めて指導するのでは、子どもたちにその場の状況が伝わらないからです。言葉が適切かどうかはその状況によることが多いのです。状況がはっきりと伝わらないと、どうして不適切なのかが伝わらないことがあります。

　話し合いの最中に乱暴な言葉や不適切な表現があった場合、その場で発言を止めさせます。そして、乱暴な言葉や不適切な言葉を取り上げて、そういう言い方をしてはならないと注意します。さらに、**どう言えばよいかを教えて、その言い方でもう一度発言をさせます。**

## 4 話し合い・討論のマインドセットの不備

### ③ 意見を述べることの価値がわからない

> 話し合いでは，最低限自分の意見をもち，それを述べることが必要になります。しかし，子どもたちの中には，自分の意見を述べることの意義や価値がわかっていない子がいます。そのために，意見は述べたい人だけが述べればよいと考えて，自分の意見を述べなくなってしまいます。やや傍観者的な参加態度になっているのです。

#### 原因 なぜ発言しなければならないか理解していない

　子どもたちの多くは，発言は，発言したい人や発言できる人がすればよいと考えています。

　発言する人は注目を浴びる機会も多く，教師から評価されることも多いからです。つまり，**発言は誉れだと意識されがち**です。誉れなことは特別なことであり，だれもができることではありません。

　無意識にそのように考えているので，発言をするべきだとは考えにくくなっているのです。

#### 克服法 ❶発言に対する考え方を転換させる

　しかし，発言はしなければならないものです。そういう考え方の転換が必要です。

子どもたちは，教室で他の子が発言することにより多くのことを学んでいます。正解を知る，別の考え方を知る，発言に刺激されて新しい考えを思いつく，発言を機に教師の説明を聞く，などです。

　どうしてそのような学びができるのかと言えば，それは発言をする子がいるからです。

　ですから，**利益を受け取るばかりでなく，利益を提供することもまた必要**になります。それは自分の考えを述べることによって可能となります。

## 克服法　❷発言にはすべて価値があると知らせる

　正しく適切な発言は，聞く人に正解や方向性を示します。しかし，**発言の価値というのは正しさだけにあるのではありません。**

　正しく適切な発言ではなくても，その発言を聞くことによって，ある人は自分の考えを見直すことになり，またある人は新しい考えを思いつくきっかけになり，別の人は自分の発言を補強することになります。

　どんな発言にも価値があり，その意味で発言することは集団のためでもあります。そういうことも子どもたちに教える必要があります。

## 5 話し合い・討論そのものの指導がなされていない

### 1 方法を教えていない

> 話し合いがうまくいかない原因の1つが，とても簡単なことですが，子どもたちが話し合いの進め方や発言の仕方を指導されていないということです。教師は話し合いというのは何となくできるような気になっています。しかし，やり方がわかっていなければ，どんな活動もうまく進行することはありません。話し合いの仕方を教える必要があります。

### 原因 話し合いは自然にできるという思い込み

　多くの学校で，あいさつの指導に力を入れているでしょう。次のような指導が行われていると思われます。

　あいさつの大切さを話し，あいさつの励行を呼びかける。あいさつのスローガンを掲げる。あいさつ委員会が校門であいさつをする。

　その結果，子どもたちのあいさつがどうなるかと言えば，ほとんど変わらないというのが現実ではないでしょうか。

　この指導は実は「あいさつをしよう」と**声をかけているだけの指導**です。声をかけているだけで実地にさせていないので，子どもたちになかなかあいさつをする態度や習慣が身につかないのです。

　話し合いもこれと同じです。「話し合おう」「進んで意見を述べよう」と声をかけているだけでは，話し合いをすることはできません。

　あいさつ指導と同じように，子どもたちに実地にさせてみる，体験を通し

て指導するということが必要になります。

## 克服法 話し合いの約束練習をする

　スポーツの練習の1つに，約束練習があります。互いの動きを決めておいて，そのパターンを繰り返し練習するというものです。
　話し合いの指導にも約束練習を取り入れるとよいでしょう。
　話し合いの場面ごとに台本のようなものをつくって，実際に発言をしたり司会者が進行をしたりします。
　一般的な話し合いの進行に従って行うとよいでしょう。

（一般的な司会進行）
　1　はじめの言葉
　2　議題の確認
　3　提案理由の発表（議題と提案理由への質問）
　4　話し合い
　　（考える時間をとる）
　　(1)意見を述べる
　　(2)同種の意見を述べる
　　(3)別の意見・反対意見・質問を述べる
　　(4)意見を整理して対立点を明らかにする
　　(5)意見を述べる
　　　（意見が出尽くしたら，考える時間をとる）
　　(6)決をとる
　5　話し合いの振り返り
　　(1)主な意見のまとめ
　　(2)決定事項の確認
　6　先生からの指導
　7　おわりの言葉

## 5 話し合い・討論そのものの指導がなされていない

## 2 おしゃべりはできるが お話はできない

> おしゃべりとお話は違います。このことを子どもたちに意識させておくことが必要です。この違いを子どもたちが意識していないと，話し合いでもだらだらとおしゃべりをすることになります。
> おしゃべりとは，だれかと気楽な話をすることです。話し合いでは，おしゃべりではなくお話をすることが必要になります。

### 原因 お話の仕方を教えていない

**お話とは，筋道を立てて述べること**です。筋道を立てるのですから，論理的でなければなりません。そのためには，いくつかの話し方を教えておくことが必要です。

しかし，お話とおしゃべりを混同していたり，その違いを意識していなかったりすると，お話をするためには指導が必要だという考えも浮かんできません。お話ができないと，話し合いでもおしゃべりをするように発言することになってしまいます。

### 克服法 ❶お話をするうえでのポイントを教える

お話をするうえでのポイントを教えましょう。
難しくはありませんが，少しの練習は必要です。

・1文を短くする。
・全体を短くする。
・結論を先に言い，理由を後で言う。
・接続語を省略せず適切に使う。

　これらを身につけるだけで，おしゃべりはお話に変わります。不適切な発言を直しながら練習をするとよくわかります。

### 克服法　❷公的話法を教える

　野口芳宏先生は，**教室などの公的な場では，それにふさわしい話し方で話すことが大切**だとおっしゃいます。そして，その話し方を「公的話法」と称されています。
　どういうことかというと，
・常よりもはっきり
・常よりもゆっくり
・常よりも大きく（声を張って）
　話す（あるいは読む）ということです。

5 話し合い・討論そのものの指導がなされていない

 意見が噛み合わない

> お互いに自分の意見を述べるだけで，意見が噛み合わないことがあります。司会者のコーディネートで，出された意見に対する反対意見を述べているのですが，自分の意見の主張に終わってしまいます。
> 反対意見が上手に述べられないので，それぞれの主張がすれ違ってしまうのです。

### 原因 反対意見とは何かがわかっていない

話し合いでもそうですが，特に討論では，反対意見や反論が非常に重要になります。

ところが，子どもたちは反対意見や反論が上手に言えません。例えば，次のようになってしまいます。

A「レクリエーションはドッジボールがいいです。理由は全員が一度に参加することができるからです」

B「ぼくはAさんに反対です。ぼくはサッカーがいいと思います。サッカーは普段大きなコートではできないからです」

子どもたちはBのような発言を，反対意見または反論と思っていることが多いのです。しかしこれは，単に別の意見を述べただけです。

反対意見は，Aの**主張のどこかを論理的に否定**しなければなりません。

## 克服法 ❶ 反対意見の述べ方を指導する

　低学年，中学年の子どもたちにはやや難しいので，指導は高学年が中心になると思います。
　反対意見は，**反対しようとする意見と異なる意見というわけではない**ということをまず押さえます。
　次に，反対意見は，反対しようとする意見の一部分または全部を，論理的に否定することだということを押さえます。
　先の例で言えば，全員が一度に参加できるという理由を否定します。具体的には，「全員が一度に参加できることがレクリエーションの条件として不適切であること」または「ドッジボールは全員が一度に参加できるわけではないということ」などを述べるわけです。
　それを述べたうえで，自分の考えを述べてもよいでしょう。そうしないと単に自分の好みでレクリエーションの内容を提案しているだけになります。悪いわけではありませんが，説得力に欠けてしまいます。

## 克服法 ❷ ディベートを行ってみる

　一時期ディベートの実践が流行したので，名前を聞いたことのある先生は多いと思います。また，ご自分で実践されたことのある先生もいらっしゃると思います。
　反対意見，反論の練習をするならばディベートを行ってみるとよいでしょう。ディベートでは**お互いに反対意見を述べ合う場面があるので**，いかに相手の意見に反論するかの練習になります。
　ここではディベートの詳しい説明をする余裕がありません。ディベートについての本がたくさん出版されていますし，インターネットで調べてもすぐにわかるので，興味のある先生は調べてみてください。

### 6　活用・習熟が足りない

 **できるまで習熟させていない**

　　方法を知っているだけではできるようにはなりません。例えば，イチロー選手がバッティングの技術を懇切丁寧に時間をかけて説明してくれたとしても，それでバッティングがうまくなることはありません。
　　できるようになるには，練習を繰り返して習熟する必要があります。逆に言えば，習熟するまで繰り返し練習をしなければなりません。

#### 原因　教師が妥協してあきらめてしまう

　**成功する秘訣は成功するまで続けることだ**という逆説があります。
　この言い方を借りれば，「話し合いがうまく行く秘訣は，うまく行くまで指導を続けることだ」ということになります。言葉遊びのようですが，とても大事なことが含まれているのではないでしょうか。
　というのは，あいさつの指導にしても，忘れ物の指導にしても，言葉づかいの指導にしても，何の指導にしても，私たち教師は途中でやめてしまうことがとても多いからです。
　教師は毎日毎日種々の仕事に追われています。教室では毎日いろいろなことが起こります。ちょっと指導すれば終わることから，保護者と連絡をとって何日もかかわらなければならないことまであります。
　こういう状況の中で，1つの指導を，それができるようになるまで根気強く続けるのは難しいと言ってよいでしょう。

どうしても、これくらいでいいかと妥協したり、今回は無理だったとあきらめたりしてしまうのです。

## 克服法 ❶毎日のルーティンに組み込んでしまう

指導を続けるのは難しいことですが、指導を続けて習熟させないと技術が身についたことにはなりません。何とかして続けたいものです。

何かを続けようとするときに、効果的な方法があります。

習慣にしてしまうのです。

日常を振り返ってみてください。どこの学校でも朝の会をやっているのではないでしょうか。その中で、健康観察や１分間スピーチもやっていることでしょう。

これらを毎日続けることは、実はなかなか大変なことです。しかし、先生方はそれをあまり負担には感じていないはずです。

それは、朝の会も健康観察も１分間スピーチも、習慣になっているからです。**習慣になっているので、特にこれをやろうと決意をしなくても自然に始められる**のです。

## 克服法 ❷国語の授業の５分間を使う

話し合いのスキルは、自分の意見をもったり、それを発表したり、他の人の意見を聞いたり、反論を考えたりと、だいたいが国語で学習する内容に大きく関係しています。

ですから、国語の授業の最初の５分間とか10分間を、話し合いのためのスキルの習熟の時間と位置づけてしまうのも１つの方法です。

毎時間でなくても、**週に３回などとしておけば、学習内容を大きく圧迫することもない**でしょう。もともと、国語の学習内容と深くかかわっているのですから、国語の学習内容と重なることも多いと思います。

### 6 活用・習熟が足りない

## ② 日常化できていない

> 「言語活動の充実」とよく言われます。では，言語活動が充実するとはどういうことでしょうか。なかなか難しいのですが，その1つは，学習した言語が日常生活の中で実際に使われるようになるということではないかと思います。ところが残念なことに，授業で学習しても，それがすぐに日常生活で使われることはあまりありません。

### 原因 日常生活に生かすという意識が薄い

　ともすると，知識や技能を身につけさせることにばかり力を注いでしまい，それを生かすという視点がおろそかになっていることがあります。
　インプットにばかり一生懸命になってアウトプットをしないということでもあります。理解はしてもそれを表現しないということでもあります。
　**知識や技能は，それらをアウトプットしてはじめて完結するもの**です。アウトプットしないのでは，宝の持ち腐れだからです。
　宝の持ち腐れ状態にしないことが大事です。

### 克服法 ❶使える場面を想定して指導する

　話し合うための知識や技能ではありますが，それらが使える機会は話し合いに限ったことではありません。

使える場面を例示しながら指導することで，子どもたちにも日常生活に生かすという意識をもたせることができます。

例えば，自分の考えを積極的に発表するという態度は，他の教科の授業でも特別活動でも，友だち同士のちょっとした話し合いでも必要になります。**友だちの意見をコーディネートして，いろんな人からアイデアを引き出すようにすれば，人間関係もよくなる**でしょう。

使える場面を想定して指導することで，子どもたちの技術も向上していきます。

## 克服法 ❷日常生活に生かしている子を取り上げる

指導の基本中の基本です。

話し合うための知識や技能を日常生活で生かしている子がいれば，そういう子の行動を紹介しましょう。

日常生活で使ってみるように促すと，**何人かの子は積極的にそれを使ったり，使った様子を日記に書いてきたりします**。名前は出さずに，その子の了解を得て，日記を紹介してもよいでしょう。

この前勉強した話し合いの仕方を，生活に生かしている人の日記を紹介します

## 6　活用・習熟が足りない

 成功体験をさせていない

> 技能が上達していくためには，練習して習熟することが必要ですが，そのための意欲が高まらないとなかなか続かないものです。
> 　意欲は何らかの報酬によって高まります。うまくいって，効果があったという成功体験も報酬の1つです。スモールステップで成功体験をさせていくとよいでしょう。

 評価されることが減っていく

　わかってはいても，なかなかできないのが適切な評価です。
　指導を始めたころは，少しの上達にも注目や称賛という評価を与えていますが，慣れてきて上達すると，それらの評価は少なくなっていきます。
　評価規準が上がっていくので，ある意味それは当然です。しかし，**評価されることが少なくなっていくと，子どもたちの「できた！」「やった！」という体験も少なくなっていきます。**
　成功体験が少なくなっていくと，意欲は低下しがちです。

 ❶スモールステップで評価の機会を増やす

　例えば，相手の意見に反論をするのは非常に高度な技術です。子どもによってはなかなか理解できないかもしれません。

うまくいかないので評価されることはなく，成功体験を味わうこともできないでしょう。

そこで，難易度の高い技術の場合は，なるべくステップを細かくして指導するようにして，評価する場面を増やしていきます。

また，**評価規準も複数用意しておき，いろいろな観点で評価ができるようにしておきます。**

### 克服法 ❷結果ではなく意欲を評価する

どんな指導にも言えることですが，結果ばかりを評価していては，結果が出せない子は永久に評価されません。

結果ではなく，取り組む意欲を評価するようにしてみましょう。

「上手にできなかったけど，何度もチャレンジしたのはすばらしい」
「真剣に取り組む態度はとても立派だ」
「君ががんばっているから，みんながやる気になるよ」

などの声かけがあれば，たとえ技術的には評価される段階まで至っていなくても，意欲をもって取り組むことができるでしょう。

# 3章

## みるみる上達!
## 話し合いスキルの指導法

## 1　自分の意見をもたせるための指導

 **YES か NO か，二者択一**

> 最も簡単な自分の意見のもち方は，YES か NO かを選ぶという二者択一です。まず最も簡単なものから繰り返し練習します。

列指名で次のように問答を行います。

教師　○○さん。
児童　はい。
教師　○○さんはりんごが好きですか？
児童　はい。わたしはりんごが好きです。
　　　いいえ。わたしはりんごが好きではありません。
　　　いいえ。わたしはりんごが嫌いです。

これを全員に行います。
　まずは，同じような質問（「…が好きですか？」など，問い方を統一する）で繰り返し練習します。慣れてきたら，
「○○君はスカイツリーを見たことがありますか？」
「○○さんはスキーができますか？」
など，いろいろな質問を加えていくとよいでしょう。
　ただし，慣れてくると答え方が適当になることがあるので，適当にならないようにします。必ず「はい」か「いいえ」を言わせ，主語と述語を入れて答えさせるようにします。
　たまに，**「はい。わたしはりんごが嫌いです」のような言い方になることがあるので注意が必要**です。

1 自分の意見をもたせるための指導

  答えを選ばせる

　　YES か NO かで答える問いから，答えを選択させる問いへと，少し高度になります。子どもたち自身に答えを選ばせます。

列指名で次のように問答を行います。

**教師**　○○さん。
**児童**　はい。
**教師**　○○さんはパンとごはんはどちらが好きですか？
**児童**　ぼくはごはんが好きです。

　これを全員に行います。質問は途中で変えてもかまいません。
　「○○君はサッカーと野球のどちらがやりたいですか？」
　「○○さんはアメリカとフランスではどちらに行きたいですか？」
などです。

## 1 自分の意見をもたせるための指導

 **簡単な一問一答**

> YES か NO かどちらかで答える，どれかを選択する，といった問いより少し高度になります。子どもたち自身に答えを考えさせます。

列指名で次のように問答を行います。

**教師** ○○さん。
**児童** はい。
**教師** ○○さんの好きな色は何色ですか？
**児童** わたしの好きな色は水色です。

これを全員に行います。質問は途中で変えてもかまいません。
**教師** ○○君がチャレンジしてみたいスポーツは何ですか？
**児童** ぼくがチャレンジしてみたいスポーツはテニスです。
**教師** ○○さんの好きなテレビ番組は何ですか？
**児童** わたしの好きなテレビ番組はお笑いの番組です。
など，いろいろ工夫します。

はじめのうちは，なるべく子どもたちが答えやすい問いにします。答えに窮すると，発表に対してマイナスのイメージをもちやすいからです。

また，**質問に対しては必ずしも本当のことを答えなくてもよい**ということにします。プライバシーにかかわる内容もあるからです。

本当のことを言わなくてもよいと言われると，子どもたちはリラックスして答えやすくなります。練習なので，答えやすい問いでどんどん答えてもらうとよいでしょう。

1 自分の意見をもたせるための指導

## 4 理由を考えさせる

> 単に選んだことを答えればよいという問いから，今度は理由をつけ加える練習をします。理由を述べるのでハードルがかなり上がります。

列指名で次のように問います。

**教師** ○○さん。
**児童** はい。
**教師** ○○さんはりんごが好きですか？
**児童** はい。わたしはりんごが好きです。
　　　　いいえ。わたしはりんごが好きではありません。
**教師** それはどうしてですか？
**児童** （理由は）りんごは甘くておいしいからです。
　　　　（理由は）りんごはすっぱくておいしくないからです。

　これを全員に行います。**理由が妥当でなくても，論理的に間違っていても否定しない**ことがポイントです。

## 1 自分の意見をもたせるための指導

 **5 無理な理由を考えさせる**

ディベートのように，立場を変えて理由を考えてみる訓練です。最初は理由を考えるのに苦労しますが，慣れてくると楽しくなります。

列指名で次のように問います。

教師　<u>先生の質問に必ず，いいえ（はい）と答えてください。</u>
教師　○○さん。
児童　はい。
教師　○○さんは夏休みが好きですか？
児童　いいえ。わたしは夏休みが好きではありません。
教師　それはどうしてですか？
児童　（理由は）夏休みは友だちと会えなくてつまらないからです。

これを全員に行います。なるべく楽しい質問を考えます。
教師　○○君は，汚れたハンカチが好きですか？
教師　どうしてキリンは首が長いのですか？
教師　本を最後から読まないのはどうしてですか？
などです。

　好きか嫌いかの理由は答えやすいので，最初はそれを問います。
　慣れてきたら，YESかNOかと聞かず，直接答えるような質問をしてもよいでしょう。
　**理由は破天荒なものでも，本当ではないものでもかまいません。**楽しい理由を考える子がいると，教室が笑いに包まれます。

**1　自分の意見をもたせるための指導**

##  6　ユーモアのある答えを考えさせる

> ユーモアというのは大変知的な表現活動です。子どもたちにはやや難しいのですが，ユーモアは授業にアクセントをつけてくれます。

列指名で次のように問います。

教師　先生が質問しますので，<u>なるべく楽しい答えを考えてください</u>。
教師　○○さん。
児童　はい。
教師　○○さんは夏休みが好きですか？
児童　はい。わたしは夏休みが好きです。
教師　それはどうしてですか？
児童　（理由は）いつまでも明るいので2倍遊べるからです。

これを全員に行います。質問は途中で変えてもかまいません。
**どんな質問をするのかを先に全員に伝えて，少し考える時間をとる**とよいと思います。難しいので，答えられない場合は「パス」もOKとします。

### 1　自分の意見をもたせるための指導

 **7　ノートに書かせる**

> 自分の意見をもつには，ノートに書くのもよい方法です。書かなければ意見がない，書いてあれば意見がある，と一目瞭然です。

　発問をしたらノートに書かせるとよいのですが，ノートに書かせる習慣ができるまでは，教師も子どもたちも少し億劫に感じるものです。
　最初のうちは時間もかかるので，余計にそう感じるかもしれません。
　しかし，いったん習慣化してしまえば，ノートに書くのにそれほどの時間はかからなくなります。
　また，時間をかけずに書けるよう，考えを短くズバリと書かせることで，わかりやすく書く練習にもなります。
　最初は簡単に書ける発問をするとよいと思います。
　書けたら，隣同士で見せ合ったり，複数の子と見せ合って同じ答えの子を探したり，教師のところに見せに来させて評価してあげたりします。
　ところで，中にはいつまでも何も書かない子がいます。
　こういう子は，誤答を恐れているのです。**間違った答えを書くくらいならば，答えを書かないでおこうと思っている**のです。
　そういう子には，自分の答えを書くということが大事で，正答か誤答かはその次の問題だということを教えてあげましょう。一度ではなく，何度も折に触れて伝えるようにします。
　また，ノートに書いたことは消しゴムで消さないように指導します。
　間違った場合は行頭に「×」をつけたり，打ち消し線を書いたりするように指導しましょう。間違った答えを残しておくと，後で役に立つことがあるということも教えましょう。

## 1 自分の意見をもたせるための指導

# 8 時間を限る

仕事は締め切りがあった方がやる気が出るものです。これと同じように，時間に限りがあった方が自分の考えをもちやすくなります。

　発問をしたら，「3分」「5分」などと時間を指定します。時間はキッチンタイマーなどで計ります。ちなみに，キッチンタイマーは大型のものが便利です。黒板に貼り付けておくと，子どもたちが残り時間を確認することができるからです。

　ところで，時間を指定しても時間内に自分の考えを書こうという意思のない子は，時間を守りません。時間になって自分のノートに何も書けてなくても気にしないのです。

　ですから，時間内に書こうとするようになるまでは，教師が必ずチェックし，書いてない子には何でもいいから考えを書くように指導します。

　また，**もう少し時間がほしい場合は「あと3分待ってください」などと，子どもたちから要求するよう指導する**と，時間を意識するようになります。

1 　自分の意見をもたせるための指導

## 「質より量」を奨励する

　　子どもたちが自分の意見をもたない大きな理由に，間違えるのが嫌ということがあります。そこで，答えの質よりも量を奨励してみます。

　例えば，社会科の学習で警察署の役割を考えるとします。
「警察署にはどんな役割があるでしょうか？」
と発問すると，正答がわからない子や自信のない子は，そこで答えを書くことをためらってしまうことがあります。
　このとき，
**「どんな答えを書いてもいいです。こんな答えはずかしいな，おかしいな，違うんじゃないかな，と思うものでも何でもいいですから，なるべくたくさん書いてください。間違ってもかまいません。たくさん書けた人がよく考えている賢い人です」**
と子どもたちに話します。
　そうすると，子どもたちは，必ずしも正答を書かなくてもよいことに安心し，徐々に気楽に答えを書くようになっていきます。

### 1 自分の意見をもたせるための指導

## 10 端的に書かせる

> 考えることが苦手な子は書くことも苦手です。特に，長く書くことは苦手です。そこで一語，一句，一文で書かせます。なるべく短く書かせるようにするのです。

　子どもたちに自分の考えを発表させると，長々と話して要領を得ないことがしばしばあります。話すことがまとまっていないからです。

　それをなくすためにも，ノートに考えを書かせることは有効です。しかし，ノートにも長々と書いてしまう子がいます。

　せっかく考えをまとめようとしても，長々と書いてしまっては意味がありません。

　そこで，ノートに自分の考えを書かせる際には，**なるべく短く，自分の考えをズバリと書く**ようにさせます。

　長くても一文程度にします。

　こうすることで，書くことに対して苦手意識をもっている子の抵抗感を減らすことができます。

　書くことが苦手な子の多くは，長い文章に対する拒絶反応を示しがちです。長く書くことが嫌なのです。

　ですから，反対に長く書いてはいけない，なるべく短く書けと指示すれば，書くことへの抵抗感は減ります。

　また，ノートに書いた後でそれを発表させることも多いと思います。その際には，書いたものをそのまま読み上げるよう指示します。余計なことを話そうとしてわからなくなることが多いからです。

2 発言することに慣れさせるための指導

決まった答えの約束練習

> 意見があってもそれを発言することに抵抗感を抱いている子がいます。
> そういう子には，練習として発言をたくさんさせます。

以前にも述べましたが，カラオケに行ったと想像してみましょう。

多くの人が最初の1曲は緊張しますが，1曲歌うことで緊張がほぐれ，2曲目は1曲目ほど緊張しないのではないでしょうか。

表現活動にはだいたいこのことが当てはまります。1回目よりも2回目の方が緊張は薄れていくものです。

発言も表現活動の1つですから，これと同じです。1度発言すれば2度目はそれほど緊張しないものです。ですから，たくさん発言すればどんどん緊張せずに発言できるようになります。

そこで，**答えのわかっている発問，答え方の決まっている発問をたくさんして，子どもたちに数多く答えさせる**と，だんだんと答えることに慣れてきます。列指名でどんどん答えさせましょう。

2度目はリラックス。
発言もカラオケと
一緒だよ〜

2 発言することに慣れさせるための指導

## 答えやすい問いを入れる

　発問にも，易しく答えやすい発問と，難しくて答えにくい発問があります。授業の中で意図的に易しい発問を入れると，自信のない子も答えやすくなります。

授業中に，だれもが答えられる発問を意図的に入れてみましょう。
だれもが答えられる発問には，いくつかの種類があります。

❶自分の好みや思いを答えるもの
　「好きな動物は何ですか？」
❷予想や勘で答えるもの
　「この中で正解はどれだと思いますか？　勘で答えてください」
❸教科書にはっきりと答えが書いてあるもの
　「おしべのやくでつくられるものは何ですか？」
❹前の時間の復習でノートに書いてあるもの
　「昨日のまとめで大事なことを３つ言ってください」
❺その学年の子には易しすぎるもの
　「（６年生に）10＋20はいくつ？」
❻正答を言ってはいけないもの
　「正しい答え以外の答えを言ってください」

　このような問いを授業の中に１つか２つ入れると，自信のない子にも発言の機会を与えることができます。また，このような問いは子どもたちを笑顔にし，授業に活気を与えるので，学習意欲も高まります。

2 発言することに慣れさせるための指導

# ③ 挙手指名にこだわらない

> 挙手指名ばかり行っていると，手をあげなければ発言しないで済むということになりかねません。挙手指名以外の指名の仕方も取り入れ，多くの子に発言の機会を与えます。

　挙手指名は授業への参加意欲を高めるので，それが悪いということはありません。しかし，そればかり行っていると，手をあげない子はなかなか発言しません。それが続くと，発言しないことに慣れてしまいます。

　そこで，挙手指名以外の指名も取り入れて，たくさんの子に発言の機会を与えたいものです。

　挙手指名以外の指名の方法には，次のようなものがあります。

**❶意図的指名**
　教師の意図に基づいて指名する。
**❷列指名**
　列の先頭の子から順番に指名する。
**❸出席番号指名**
　出席番号の順に指名する。
**❹グループ指名**
　グループを指名し，グループ全員が答える。
**❺相互指名**
　子どもたちが相互に指名する。
**❻くじ引き指名**
　教師（子ども）がくじを引いて指名する。

2 発言することに慣れさせるための指導

##  発言数を記録させる

自分がどれくらい発言をしているのかを客観的に知ることも，発言への意欲づけとなります。発言回数を子どもたち自身に記録させます。

　発言回数をカウントする実践は，比較的多くの教室で行われていると思います。**自分の発言回数を知ることは，発言への意欲づけとなる**ことがあります。学期に1度くらいチャレンジしてみましょう。
　次のような記録用紙をつくります。

| 1 | 国語 | ○ | ○ | ● | ○ |   |
|---|------|---|---|---|---|---|
| 2 | 算数 | ● | ○ | ○ | ● | ○ |
| 3 | …  |   |   |   |   |   |

　授業の中で，教師の発問があり発言のチャンスがあったら○をかき，そのときに挙手したり発言したりしたら，その○を●に塗ります。

## 3 思考力を鍛えるための指導

 **まず量，それから質へ**

「量質転化の法則」というものがあります。量をこなしていくと，それにつれて質が上がり，質が上がっていくとそれにつれて量をこなせるようになるということです。

「量質転化の法則」から言えば，思考力を鍛えるためには考える量を増やせばよいということになります。**内容はさておき，とにもかくにも考える量を増やす**ということです。

授業ではどうしても正解を出すことに関心が集まります。子どもたちも正解でなければならないと思ってしまいます。そうすると，数をこなすことにあまり積極的にはなりません。

しかし，思考力を鍛えることはそう簡単にはいかないものです。これをやれば短時間で確実に思考力が高まるという方法もありません。結局は，量をこなすしかありません。

何度も何度も考えることの大切さを，子どもたちに繰り返し説くことで量質転化を起こします。

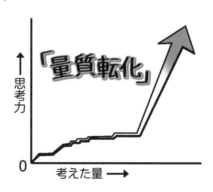

## 3　思考力を鍛えるための指導

## 2　違いを見つけさせる（対比）

> AとBの違いを見つけることで，見る力，考える力が高まります。特に，似たもの同士の違いを見つけるのはよい練習になります。

　対比をさせる場合に最も考えやすいのは，**ある部分が似ていて，ある部分が違っているもの**です。

　例えば，乗用車とバス，イスと机，などです。乗用車とバスはどちらも乗り物であり，エンジンがありタイヤがついています。しかし，大きさや乗れる人数，用途，ハンドルやタイヤの大きさなどが違います。

　似ている部分と違っている部分がはっきりしているので，違いを見つけやすいのです。

　これに対して，まったく異なっているものはかえって違いを見つけにくいことがあります。見つけにくいというか，表現しにくいのです。

　例えば，海とロケット，ヘビとチューリップ，などです。それぞれまったく違うのですが，共通する部分がなさ過ぎて比較そのものが難しいのです。

　それから，ほとんど違いがない場合も，当然ながら違いを見つけるのは難しいものです。例えば，どんぶりと茶碗などです。

　また，具体的なものの比較よりも抽象的なもの（概念）の比較の方が難しいと言えます。例えば，喜びと楽しみ，試合と勝負，などです。

　でも，違いが見つけにくいもの同士の違いを見つける方が，見方や考え方が鍛えられます。しかも，1つや2つ見つけるのではなく，10個以上などと条件を出すと，子どもたちも必死になって探します。

　まずやさしいものの比較で練習をして，少しずつ難しくしていくとよいでしょう。

3 思考力を鍛えるための指導

## 3 似ているところを見つけさせる（類比）

対比の反対で，AとBとの共通点や似ているところを見つけます。こちらも見る力，考える力を高めます。特に，まったく異なるもの同士の類似点を見つけるのは思考力を鍛えるよい練習になります。

対比と同様のことが類比にも言えます。最も類比を考えやすいのは，ある部分が異なり，ある部分が似ているもの同士を比べることです。

例えば，先ほど例にあげた，バスと乗用車，イスと机，などは似ている点を指摘しやすいでしょう。

反対に，似ている部分がほとんどないもの同士の類比は難しいと言えます。例えば，カブトムシとキリン，電車とビル，などです。

また，抽象的なもの（概念）同士の比較も難しいと言えます。例えば，優しさと愛情，寂しさと静けさ，などです。

しかし，**類比が難しいもの同士の似ている点を考えることで，見方や考え方がよく鍛えられるのは対比と同じ**です。

3 思考力を鍛えるための指導

## ④ 理由を考えさせる

　　理由を考えさせることは，思考力を鍛えるうえで，簡単で効果的な方法です。理由を考えさせる機会は，授業の中に何度もあります。ノートに書かせるとさらに効果的です。

　理由を考えるのは面倒なことです。
　例えば，国語の授業で「ごんはやさしいきつねでしょうか？」と発問し，やさしいかやさしくないか，どちらかに手をあげさせるとします。どちらかに手をあげることは，それほど難しくはありません。ほとんどの子がどちらかに手をあげます。
　ところが，その後で「どうしてそう考えたか，理由を発表しましょう」と指示すると，発表する子の数はグッと減ります。
　これは，理由を考えることが難しいからです。また，**難しいので考えることが面倒だから，考えようとしない**のです。
　しかし，野球がうまくなるには野球の練習をする必要があるように，演技がうまくなるには演技の練習をする必要があるように，思考力を高めるには思考する必要があるのです。
　ここで理由を考えさせることが，思考力を鍛えることになります。いろいろな手を尽くして，子どもたちに理由を考えさせましょう。
　ノートに書かせるのも方法の１つです。
　タイマーで時間を限るのも方法の１つです。
　書けたら教師に見せに来させるのも方法の１つです。
　グループ全員が書けたら立たせるのも方法の１つです。
　あの手この手で子どもたちの思考力を鍛えます。

## 3 思考力を鍛えるための指導

## 5 相手視点で理由を考えさせる

理由を考えさせるとき，ほとんどの場合自分の視点で理由を考えさせます。これを，相手の視点から考えさせると，推理という要素が加わって理由を考えることが楽しくなります。

算数で複雑な図形の面積を求める問題があるとします。各自に自由に解いてもらいます。子どもによって様々な手順で問題を解くでしょう。いくつかの解き方をピックアップして，黒板に書いてもらいます。

そして，解いた子に解き方の説明をしてもらうのが一般的です。

しかし，ここで次のように投げかけてみましょう。

**「Aさんはどのように考えて解いたんだろう？　だれかAさんのかわりに説明してくれる人はいますか？」**

このように問うことで，「Aさんはどんなふうに考えたのだろう？」と他の子どもたちは考えます。推理が働くのです。推理が合っているかどうかという興味もわいてきます。

これは国語でも社会でも理科でも実践できます。

## 3 思考力を鍛えるための指導

## 6 考えがまとまるまで待つ

> 「待つ」ことができない教師が多いように思います。発問をしてじっくり待たなければ，考えはまとまりません。一歩進んで，子どもたちが考えをまとめるまで待つということも，時には必要です。

　私はかねがね，
「『待つ』ことは教育技術だ」
と考えています。
　技術ですから，習熟しなければ上手に用いることはできません。
　「待つ」ことに習熟するも何もないと思うかもしれませんが，意外に待つことは難しいのです。
　試しに，授業中に子どもたちに発問をしてから「わかった人？」「できた人？」と聞くまでの時間を計ってみてください。
　また，職員会議などで，「何か質問はありませんか？」と投げかけた後で，どれくらいの時間待っているか計ってみてください。
　驚くほど短いはずです。多くの場合は１分以内ではないでしょうか。それくらい，教師は沈黙を恐れます。
　しかし，考えるという高度な作業をさせるためには，十分な時間を保障しなければなりません。**「○分で」と時間を提示するのは，子どもたちに思考させる手段でもありますが，教師がじっくりと待つ時間を保障するためでもあるのです。**
　書けるまで待つ，考えるまで待つということを体験すれば，子どもたちも自分の考えをもたなければならないのだと気づきます。
　結果として，傍観者ではいられなくなります。

## 4　意見を噛み合わせる指導

 端的に話させる

> 相手の発言内容がわからなければ話し合いや討論にはなりません。わからない原因の1つが，長々と話して要領を得ないということです。端的に話せばわかりやすくなります。

次のことがポイントになります。
・短く話す。
・余計なことは言わない。

そして，以下のように指導します。

まず，長々と話していることがあれば，その場で教師が短く端的に話してみせます。お手本を示すわけです。それから，その通りに復唱させ，やり直させます。その際，他の子に聞かせてどちらがわかりやすいかも確認します。

例をあげてみましょう。

「この前，私がお母さんと駅で電車を待っていて，そうしたら犬をつれた男の人がいて，その犬が大きい犬だったけど，ほえない犬で，男の人のそばに座っていて，だから，犬はほえないでえらいなと思ったから，その犬は盲導犬なのかなと思いました」

**「今の発言を短く言うと，『駅に大きい犬がほえずに座っていたので，盲導犬かと思った』ということですね。じゃあ，そう言い直してごらんなさい」**
とお手本を示し，復唱させるのです。

考えを書かせる場合も，短く書かせます。書き言葉の場合は添削ができるので，長い文章は板書して，どうすれば短くなるのか，実際に推敲してみせます。そのうえで，各自に自分の文章を推敲させます。

こういう指導を随時繰り返します。

### 4　意見を噛み合わせる指導

 端的にメモさせる

> 相手の発言を理解するために，メモをとることがあります。ところがそのメモを長々と書いていると，肝心の話を聞き逃してしまいます。

　メモも短く端的に書く必要がありますが，話をそのまま書き写してしまう子がいます。メモのとり方の指導が必要です。

**❶単語で書く**

　すべてが単語で書けるわけではありませんが，単語で書くことで短時間のうちにメモすることができます。

**❷抽象度をそろえる**

　車とバスでは，車が上位概念でバスが下位概念です。ですから，車とバスを並べて書かないということが大事になります。

　車と並べるなら，船や飛行機です。

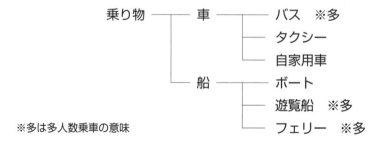

※多は多人数乗車の意味

**❸記号を使う**

　文字よりも記号の方が素早く書け，わかりやすいこともあります。記号を上手に使えるとメモもうまくなります。

### 4　意見を嚙み合わせる指導

 引用して話させる

> 引用は子どもたちにはなじみの薄い言葉であり，表現方法です。しかし，話し合う場合は知っておくと便利です。話し合いでは，相手の発言を引用することがしばしばあるからです。

　この場合の引用は，**話し合っている，あるいは討論している相手の述べたことを，自分の発言の中で取り上げる**ということです。
　話し合いや討論をしていると，ときどき相手が述べている内容が，自分の意見のどの部分について言っているのかがわかりにくいことがあります。相手の発言を適切に引用すれば，それがわかりやすくなります。
　引用の仕方を教えておくとよいでしょう。

**❶範を示す**
　教師が引用のお手本を示します。
　「今，Aさんは『勉強は1人でやった方が自分のペースでできるので結局ははかどる』と言いましたが，私はそれはそのときによると思います。理由はわからないことがあるときは，だれかに聞くのが一番早くわかるからです。1人でやっていては，聞く相手がだれもいません」

**❷相手の発言をメモする**
　相手の発言を引用するためには，相手の発言をメモしておくと便利です。記憶に頼るだけでは，適切な引用は難しくなります。

**❸引用する言葉をメモする**
　引用する言葉のメモをつくっておくと，自分が何についてどんなことを述べようとしているのかがはっきりします。これは相手の発言内容のメモを基につくります。

4 意見を噛み合わせる指導

## 賛意を表させる
## ――理由の繰り返し

> だれかの意見に賛成の意思を表す場合の表現の1つです。同じことでも別の人が言うことによって，その意見の理由を強めることになります。

　Aさんの意見に賛成の意を表す場合，
　「Aさんの意見に賛成です。ぼくもそう思うからです」
と言うだけでも目的は果たしています。
　しかし，これはAさんに賛成だということを表しただけです。Aさんに賛意を表すと同時に，自分の考えも主張しなければなりません。そうすることによって**Aさんの考えを強調し，Aさんの考えに対する意見がたくさん出されるよう促します。**
　そこで次のように言わせます。
　「Aさんの意見に賛成です。ぼくも，休み時間は自由な時間とは違って，みんなのためにルールをつくって遊ぶべきだと思うからです」
　賛意を表すときにはこのようにするとよいことを，子どもたちにも指導しておきます。

4 意見を嚙み合わせる指導

## 5 賛意を表させる
―理由の補強

　だれかの意見に賛成の意思を表す場合の表現の１つです。同じような例えをしたり，理由についての具体的な例をあげたりします。理由の趣旨はそのままに，理由のもっともらしさを強めます。

　例えば，次のような主張があったとします。
　「私はレクリエーションは室内ゲームにした方がいいと思います。理由は，７月はもうかなり暑くなってくるので，熱中症にならないようにした方がいいと思うからです」
　この意見に賛意を表しながら，さらに補強します。
　「ぼくもレクリエーションは室内ゲームにした方がいいと思います。この前天気予報を見ていたら，７月の気温はかなり高くなるという予報でした。暑くなることが予想されるので，熱中症に気をつけた方がいいと思います」
　また，次のように補強することもできます。
　「私もレクリエーションは室内ゲームに賛成です。理由は，去年私のいとこが，７月の暑い日にサッカーの練習をしていて熱中症になってしまったことがあったからです。軽かったので水分をたくさん摂って休んでいたらよくなりましたが，安全を第一に考えた方がいいと思います」
　このように，最初に発言した子の理由の「気温が高い」「熱中症を心配すべき」という**趣旨はそのままに，具体的な例をあげたり，体験を話したり，データを述べたりしています**。
　こうすることで，意見が補強されていきます。
　このような補強の仕方を子どもたちに指導しておくと，賛成の意見を述べるときのめやすになります。

4 意見を噛み合わせる指導

# 6 賛意を表させる ―別観点からの理由

> 賛意を表す際に、別の観点からの理由を述べます。結論は同じでも、別の理由、異なる根拠を述べることで、信憑性が増します。

例えば、次のような意見が述べられたとします。

「私は係活動はグループで行うのがよいと思います。理由は、1人1役では、担当する人が欠席だったときに、その仕事をする人がいなくなって、仕事ができなくなるからです」

この意見の主張に賛意を表し、さらに別の理由を述べます。

「私もAさんに賛成です。係活動はグループで行うのがよいと思います。学級の目標は、『いつでも協力できるクラス』ですから、係活動でもグループで協力して取り組むべきだと思うからです」

このように、**結論部分は同じでありながら、その理由として別のことを述べる**というものです。いろいろな理由が出されることで、その意見を多面的に支えることができます。

```
┌─────────────────────────────┐
│   意見  主張A  ←  理由B       │
└─────────────────────────────┘
      ↑理由Bを繰り返す
       ↑理由Bを補強する
        ↑理由Cを述べる
```

賛意の表し方

### 4 意見を嚙み合わせる指導

## 7 異論を述べさせる

> 異論を述べることと反論を述べることを同じことだと思っている子どもは少なくありません。異論は必ずしも反論になっているわけではなく、文字通り、これまでに出された意見とは異なる意見ということです。

　話し合いの初期の段階において、異なる様々な意見を出してもらうことがあります。それらの中からどれが適切かを話し合うためです。
　その中で、前に出された意見とは別の主張をすることがあります。つまり異論を述べるということです。
　そこには、**前の意見に対する反論が含まれているときもありますし、そうでないときもあります。**
　例えば、
「私は、係活動はグループで行うのがよいと思います。理由は、1人1役では、担当する人が欠席したときに、その仕事をする人がいなくなって、仕事ができなくなるからです」
という意見が出たとします。
　それに対して、別の子どもが次のように発言をします。
「ぼくは今の意見に反対です。係活動は2人のペアでするのがいいと思います。理由は、ペアだと効率よく仕事ができるからです」
　「今の意見に反対です」と述べてはいるものの、「グループでの係活動がよい」という意見に対する反論になっているわけではなく、ペアでの係活動という別の案（異論）を提起しているに過ぎません。
　このように、異なる意見をどんどん出し合う場面もあります。

## 4 意見を噛み合わせる指導

### 8 根拠の間違いを指摘させる

> 反論は，反対意見を述べて反意を表すだけにとどまらず，相手の意見の不備を指摘することで，自分の考えの優位さを示します。その１つで，根拠がそもそも間違っていることを指摘します。

例えば，国語の「ごんぎつね」の授業で，「ごんはやさしいきつねか，意地悪なきつねか，どちらだろう？」という問いについて，話し合いをさせたとします。その中で，ある子が，

「ごんはやさしいきつねだと思います。兵十が捕まえた魚を川に逃がしてあげているからです」

と発言したとします。

この子は，文章の読み取りが根本的に間違っているわけです。ごんが兵十の魚を川に投げ入れたのは，魚を助けるためではなく，兵十に意地悪するためだからです。「ちょいといたずらがしたくなったのです」と書いてあるのがその理由です。

このように，理由そのものが事実や記述内容と異なっていたり，常識に反していたりする場合があります。その場合は，その点を指摘させます。

具体的には，次のようになります。

「Aさんの考えは間違いです。Aさんは，ごんが魚を逃がしてあげたと言いましたが，教科書には『ちょいといたずらがしたくなった』と書いてあります。このように，ごんが魚を川に逃がしたのは，やさしいからではなくて，いたずらがしたくなったからです」

**根拠が否定されたのですから，当然主張も否定される**ことになります。再反論をするなら，根拠の正当性を再び主張するということになります。

3章 みるみる上達！話し合いスキルの指導法

## 4　意見を噛み合わせる指導

### 9　根拠の例外をあげさせる

> 根拠としてあげた事柄に例外がある場合があります。例外を指摘して，相手の主張を否定します。

　**根拠そのものは正しくても，例外があったり，他の側面から見るとそうではなかったりする**ことがあります。

　例えば，「教室の座席は自由にした方がよいか」というテーマでディベートをしたとします。肯定派が次のように立論したとしましょう。

　「教室の座席は自由にした方がいいです。人によって前の座席の方がやる気が出る人もいれば，後ろの座席の方がやる気が出る人もいます。自由に席が選べるならば，いつでも自分のやる気が高まる席に座れるので，授業にやる気が出て，勉強ができるようになるからです」

　これには例外があります。この意見では，全員にやる気があることが暗黙の了解となっていますが，座席にかかわらずやる気のない子もいます。そういう子は，無理にでも座席を前にして授業に取り組ませなければならない，という考え方もあり得ます。

　また，「やる気」という観点に限定せず，「視力」とか「身長」といった観点からも考えてみると，視力の良し悪しや身長の高低に配慮して座席を決める必要性も出てきます。

　さらに，もしも全員が前の座席，あるいは後ろの座席を希望した場合，実際にそれは不可能ですから，自由席のメリットそのものがなくなってしまいます。

　これらのように，例外があったり，他の側面から見ると不都合があったりする場合は，それを指摘することで相手の主張に反論することができます。

## 4 意見を嚙み合わせる指導

## 10 論理の不備を見抜かせる

論者が自分の主張を「三段論法」によって導くことがあります。この三段論法の論理の不備を見抜くことができれば，それを指摘して反論することができます。

【大前提】読書好きの子は真面目である。
【小前提】A君は読書好きだ。
【結　論】A君は真面目な子である。

　このような論の展開が，三段論法です。
　この三段論法は，誤って使われることがありますが，中でも気づきにくいのが，大前提や小前提を明確に言わずに使われる，次のような場合です。
　「A君は読書好きだから，真面目な子だ」
　別の例をあげてみます。前項のディベートで否定派がこう主張しました。
　「自由席にすると，隣同士でふざけてしまうので，授業に集中しなくなる」
　これを，三段論法に当てはめてみましょう。

【大前提】仲良しはふざける。
【小前提】隣同士になるのは仲良しだ。
【結　論】隣同士はふざけてしまう。

　この場合，「仲良しはふざける」こともあるでしょうが，全部の仲良しがふざけるわけではありません。また同じように「隣同士になるのは仲良し」が多いでしょうが，全部の隣同士が仲良しになるわけではありません。
　このように不備のある2つの前提から結論が導かれています。**前提を否定すれば，結論も否定されることになります。**
　やや難しいかもしれませんが，考え方の1つとして教えておきます。

5 発言意欲を高める指導

# 手のあげ方の練習をさせる

　手のあげ方の練習を何度もしていると，発言のために挙手することへの抵抗が減ります。手を上手にあげると気持ちがよいものです。

　手のあげ方を指導しているクラスと指導していないクラスの違いは，一目瞭然です。手が上手にあげられるクラスの授業風景は実に気持ちのよいものです。きちんとした手のあげ方を指導しておくとよいでしょう。

　何のために手をあげるのかと言えば，「発言したい」「発言できる」という意思表示のためです。ですから，まわりからよく見えることが大切です。

　では，まわりからよく見えるためのポイントはなんでしょうか。それは**「なるべく高くあげる」**ということです。

　高くあげるためには，腕全体を「垂直に」「真っ直ぐ伸ばす」ことが必要です。

　つまり，手のあげ方のコツは次の2つです。

・垂直にあげる
・指先まで伸ばす

5　発言意欲を高める指導

ノートを見て評価する

> 発言をさせる前に，子どもたちの考えの書いてあるノートを教師が点検し，そこに大きな○などの印をつけてあげましょう。それによって子どもたちは自信をもって発表することができます。

　子どもたちは，ほめられるとやる気を出します。
　発表を不安に思っている子どもたちも，教師からほめられれば，安心して発表することができます。
　そこで，子どもたちがノートに考えを書いたら，発表させる前にそのノートを見て，大きな○をつけてあげます。教師に○をつけてもらうと，認められ，評価されたことがわかり，子どもたちは安心します。
　大きな○とともに，「A」「AA」「AAA」などの記号を，内容に応じて書けば，さらに評価がはっきりします。
　また，○と記号のほかに**「これ，いいこと書いてあるから発表してね」などとひと声かけておくのも，効果的な方法**です。
　発表したら，内容とともに意欲もほめるようにします。

5　発言意欲を高める指導

## ③ 時間や分量で挑戦意欲をあおる

　　ちょっとだけ無理なことを条件や目標に掲げると，子どもたちはかえって奮起することがあります。そのことを上手に生かして，子どもたちの挑戦意欲を盛り上げます。

「この写真を見て気づいたことを３つ書きましょう」
は普通の指示です。これを，
**「この写真を見て気づいたことを12以上書きましょう」**
と指示すると，10以上という高いハードルに子どもたちは驚き，12という半端な数字にも興味を引かれます。さらに，
「時間は３分以内です」
と告げると，「え〜っ！」という声が上がりますが，俄然がんばり出す子が出てきます。そして，
「クリアできた人は，大学生並みの観察力があります」
などと付け加えると，夢中になって取り組むでしょう。
　その勢いをそのままに発言を促すと，普段よりも意欲的に発言します。

5　発言意欲を高める指導

 ④ 発言競争を行う

> 競争は子どもの意欲を高めます。ただし，勝ち負けにこだわりすぎる子も出てきます。子どもたちがあまり勝負にこだわらないよう，軽いノリで行います。

次のような班競争がおすすめです。
❶班対抗で点数を競います。
❷黒板の隅に点数記録表を書いておきます。
❸指名されて発言をした場合は，その班に１点を与えます。
❹複数挙手している場合は，１班の子から順番に指名します。３班の子まで答えた場合，次は４班の子から指名します。順番が来たときに挙手していなかったら，次の班に発言権が移ります。
❺間違えても減点はしません。
❻班全員が挙手した場合，発言をしなくても１点を与えます。
❼２日間とか，最高20点とかを区切りとしてリセットします。
❽優勝班は写真を撮り，ひと言添えて飾ります。

6 話し合い・討論のマインドセットの指導

# 発言すると自分が成長することに気づかせる

> 発言をするといろいろなよいことがあります。そのことがわかってくれば，発言に積極的になり，発言をして満足し，発言できた自分を誇りに思うことができるでしょう。

　学級には様々な子どもがいます。発言に意欲的で，簡単に発言ができる子ばかりではありません。発言が苦手な子にとって，子どもの発言中心で進む話し合いや討論は，ややもするとつらくて楽しくない時間になります。
　そういう子には，発言することでもたらされるハッピーなことをあげて，マインドを変えてあげましょう。

**❶考える力（思考力）が鍛えられる**

　発言をすると考える力が鍛えられます。なぜでしょうか。
　発言をするためには，発言する事柄が頭の中になければなりません。何も言うことがないのに発言できるという人は１人もいないはずです。
　発言する内容は自分で探したり考え出したりしなければなりません。
　その過程で，探す力，見る力，考える力が身につきます。

**❷意志が鍛えられる**

　発言をためらっているのは，発言することへのマイナス感情があるからです。はずかしい，間違ったら嫌だ，笑われたらどうしよう，などです。
　こういうマイナス感情に，理性の力で打ち勝って発言することができれば，弱い自分に少しずつ勝つことができます。
　これを続けていけば，意志が鍛えられて，自分自身が大きく成長することができます。

6 話し合い・討論のマインドセットの指導

## 2 発言によりクラスが成長することに気づかせる

　他の子が気づかなかった新しい見方からの意見や徳性の高い意見は，それを知るだけで学びになります。また，他の人の意見に刺激されて考えが深まることもあります。

　国語の授業をしていると，なかなか読み取れなかった場面で，ある子が発言したことをきっかけにして読みが深まっていくことがあります。
　そんなとき，子どもたちは，
「あっ，そうか！」
「わかった！」
などと声を上げ，気づいたことを喜びます。
　教室には，こういう瞬間がよく訪れます。集団で学ぶことのよさであり効果でもあります。
　だれの発言も，発言は必ずだれか他の子の耳に入り，それによって改めて考えたり，賛成か反対か，正解か不正解かを判断したりします。**発言によって集団は常に刺激され，成長している**と言ってよいでしょう。

3章　みるみる上達！話し合いスキルの指導法

6 話し合い・討論のマインドセットの指導

## 発言することは義務であると心得させる

> だれかが発言することで他の子の考えが刺激され，さらに発言を促し，そうやって学級全体が向上するとすれば，集団の一員として発言することは義務とも言えます。発想の大きな転換です。

　一般に発言は権利です。自分の意見を表明するという権利です。

　権利を行使するかどうかは基本的に自由です。ですから，発言をするかどうかは子どもたちの自由です。そこには，発言する権利もありますし，発言しない権利もあるわけです。

　これは当然のことにように思われます。ただし，そこに指導が加わらないと，話し合いや討論の場で発言しなくてもよい，そういう態度でいても問題はない，と考える子を育ててしまう危険性があります。

　もしも話し合いの場で，参加者が上記のように発言しなくてもよいと考えていたとしたら，話し合いには何の生産性もなく，無意味です。

　話すことによって他者の思考が刺激され，より建設的なアイデアがひらめき，それによって集団が向上していきます。そう考えれば，発言することは，集団の一員としての義務であるとも言えます。

　このように，「話すことは権利であって行使しない自由もある」という考えから，**「集団の一員として話し合いに参加するからには，自分の考えを表明する（発言する）ことは一種の義務である」**という考えに転換させていくことも必要になってくるでしょう。

　そういうマインドで子どもたちが話し合いに参加するようになれば，話し合いは意義のあるものになることでしょう。

6 話し合い・討論のマインドセットの指導

 発言内容と発言者を
分けて考えさせる

> 話し合いや討論に慣れていないと，反対意見を述べた人に悪い印象を
> もってしまい，その後の人間関係が悪くなることがあります。論と人を
> 分けて考えることで，こういったことを避けるようにします。

　若いころの職員会議の席で，先輩教師と激しい口論になったことがありました。普段から敬愛している先輩でしたが，意見が対立して互いにエスカレートしてしまったのです。

　まわりの教師が引き気味になるほどの口論でした。会議が終わってからも，心配そうな表情があちこちに見られました。

　私は「これはまずい」と思いました。

　そこで，会議が終わってすぐに，その先輩教師の席まで行って話しかけ，会議とは関係のない他愛のない世間話をしました。先輩もさっぱりとした方だったので，私の話につき合ってくださり，2人で笑いながらしばらく世間話に興じたのです。

　まわりの教師があっけにとられているのがよくわかりました。数分前の会議で口角泡を飛ばして口論していた2人が，今はそんなことを微塵も感じさせず，世間話をして笑っているのですから，驚きもするでしょう。

　この一件は，何人かの同僚に強烈な印象を与えたようです。会議の内容と人間関係は別物だという，本来当然のことを強く印象づけたのです。

　このように，**たとえ話し合いの中で論争になったとしても，それを話し合いの後まで引きずらない，話している人とその話の内容は分けて考える**といったことは子どもたちにも指導する必要があります。具体的な場面をとらえて，繰り返し指導するとよいでしょう。

6 話し合い・討論のマインドセットの指導

## 5 否定されることに慣れさせる

> 人は，否定されることで現状を見直し向上します。しかし，否定されるのは気分がよくないので，否定を拒否し，向上を拒否してしまうことがあります。逆にいうと，否定に慣れれば，よりたくさんの向上が望めるはずです。

　成長するということには，今の自分ではない自分になるという側面があります。それは，別の見方をすれば，現状の否定，今の自分の否定です。自らを否定する場合もあるでしょうし，他から否定されることもあるでしょう。

　ところで，他から否定されるのは，基本的に気分のよいものではありません。しかし，気分が悪いからといって，否定を拒否していると，成長の機会を奪われてしまうことになります。

　そこで，否定されることに慣れることが重要になるわけです。否定されることを気にしないということです。

　慣れるためには，否定は自分を成長させるという考え方を知ると同時に，**否定される体験を積むことが必要**でしょう。さらに，**素直に自分の間違いを認めるという態度も大切**なことです。

## 6 話し合い・討論のマインドセットの指導

## 6 語って育てる

> 指導の仕方にはいろいろありますが，特別な場所も道具も必要のない指導法に，「語り」があります。文字の通り，子どもに語って聞かせることです。シンプルですが，思った以上に効果があります。

教室で教師が話している内容を分類すると，おおよそ次のようになるでしょう。

❶あいさつ（おはよう・お願いします・いただきます　など）
❷連絡（今日の予定・昼休みの委員会の仕事　など）
❸評価（ほめたり叱ったり）
❹注意・説教（よくない行いに対する注意）
❺説明（学習内容の伝達）
❻雑談（休み時間などの他愛のない話）

学校では授業が中心ですから，❺説明が最も多いでしょう。次は❹注意・説教でしょうか。集団に適応するのが苦手な子が増えてきているので，注意する機会は確かに多いと思います。

ところで，ここに「語り」を加えてみませんか。

「語り」とは，教師が子どもたちに語って聞かせること，聞かせるお話のことです。やや詳しく言えば，**教師が感動した，心に残ったエピソードを，教師の感動とともに子どもたちに熱く語って聞かせる**ことです。

最近は，教師も多忙ですし，子どもたちを指導しなければならない機会も多いのですが，そんな中でも，教師の思いを子どもたちに伝えることには大きな意義があります。ぜひ，語りを通して，子どもたちの話し合いや討論に対する姿勢を高めてほしいと思います。

# 4章

## こうすればうまくいく！場面別話し合い指導のポイント

# 1 「朝の会・帰りの会」での話し合い

> 朝の会・帰りの会では，原則として話し合いは行わない方がよいでしょう。理由は，時間がないからです。しかし，どうしても話し合いをしたい場合も出てくると思います。その場合は，時間のないところで行うので，効率的に進めることが必要になります。

## ① 話し合いは行わないのが無難

　時間のないところで話し合いを行うと，いたずらに結論を急いでしまうことになります。

　時間のない朝の会・帰りの会で話し合いを行いたいときというのは，多くの場合が学級の問題を解決したいときでしょう。話し合った末に，学級全員の合意が形成されなければなりません。

　**合意を形成するためには，本来は十分に話し合ってお互いの主張をすり合わせることが必要**です。

　ところが，時間がありませんから，このすり合わせが十分にできません。そうなると満足のいく合意が形成され難くなります。

　合意の形成が不十分では，せっかくの話し合いの意味がなく，話し合いの時間がかえってむだになります。

　また，中途半端な合意では，納得できずに不満をもつ子もいると思います。問題を解決するための話し合いなのに，かえって不満を生んでしまっては意

味がありません。

## ② 話し合うなら，短時間でできる議題・内容で

それでもどうしても話し合わなければならないことがあったとしましょう。その場合は，「短時間」を念頭に置いて行います。

### ❶結論の出やすい議題を選ぶ

単純に，短時間で結論の出る議題です。

例えば，「今日のクラスの遊びは何にするか」「宿題の日記のテーマは何にするか」などです。

### ❷局面を限定する

時間がかかりそうな議題で緊急に行わなければならない場合などは，局面を限定して話し合います。

例えば，雨が降っている日に，急に「雨の日の遊び方」を決める必要が出てきたとします。この場合，雨の日の遊び方の原則を決めるのは時間がかかるので，「（雨の降っている）今日の休み時間の過ごし方」だけを考えるようにするのです。

### ❸手順を確認する

手順を確認し，後はその手順に沿って進められるようにするというのも，1つのアイデアです。

例えば，運動会のテーマを昼休みまでに決めなければならないとします。しかし，朝の会だけでは無理そうです。その場合は，テーマを決める手順を全員で決め，後は休み時間に手順通りに進めます。

### ❹後日改めて話し合うことを前提にする

短時間でとりあえずの合意を形成しますが，暫定の合意とし，後日改めて話し合いをもつというものです。

例えば，給食当番や教科の連絡係を決めて，明日から活動しなければならないような場合，とりあえず合意させておき，後日改めて決めます。

## 2 「学級会（子ども中心）」での話し合い

> 学級会は，学級づくりにおいて中心となる活動です。と同時に，話し合う活動を通して，学級集団での話し合いの方法や態度を学ぶよい機会でもあります。そういう意味では，6年間を通して身につけさせたい技能を学校全体で共有し，段階的に取り扱えるようにしておくとよいでしょう。

### ① 議題の募集の仕方

　学級会の議題は，学級の子どもたちから募集します。多くはそのときそのときの学級の諸問題の解決や，学級力向上のための提案です。
　そこに，ときどき児童会からの提案について（運動会のテーマなど）の話し合いが加わります。
　学級には，**「議題提案カード」**と**「議題ポスト」**を用意しましょう。カードは色分けし，学級の諸問題と学級力向上のための提案がひと目でわかるようにしておくと便利です。

### ② 議題の選び方

　議題ポストは計画委員会が定期的に開けて確認することにします。学級会の予定の1週間前には，議題を選びます。計画委員会と担任で相談するとよ

いでしょう。

　**議題が複数ある場合は，学級の諸問題を優先**します。学級全体にかかわるもの，早期に解決する必要のあるものを選び，1つにまとめられるものはまとめます。

## ③ 計画委員会への指導（司会や記録）

　計画委員会は，学級会の話し合い活動が円滑に行われるための計画や準備等を行う委員会です。議題を選び，おおよその流れを計画し，司会や記録を務めます。**中学年の後期になったら，輪番制にして全員が経験できるようにするとよい**でしょう。

　計画の際には担任も参加し，話し合いをどのような流れで進めるとよいか，おおまかな流れを確認しておくとよいでしょう。

## ④ 活動計画の作成

　活動計画には，年間の活動計画と，1時間の活動計画があります。年間の活動計画は，1時間の話し合いで決めるとよいでしょう。1時間の活動計画は，計画委員会が中心となって決めます。

　1時間の活動計画には，「議題名」「計画委員会の役割分担」「提案理由」「話し合いの進め方」「気をつけること」などが書かれます。**学級会の前日に掲示したり配付したりして，関心を高めておきます**。

## ⑤ 話し合いの進め方，議決の方法

　これまでにも述べてきたので割愛しますが，**学校で共通の方法を決めて取り組む**と，話し合いがどんどんスムーズにできるようになります。

## 3 「学級指導(教師コーディネート)」での話し合い

> 学級活動の中でも，以前は「学級指導」と呼称していた，学習指導要領（特別活動）の学級活動〔共通事項〕「(2)日常の生活や学習への適応及び健康安全」は，教師の指導が中心になります。子どもが話し合って解決するというより，教師が指導して解決すべき内容が多いのです。
> ですから，話し合いも教師が子どもたちの意見をコーディネートすることになります。

### ① 問題を子どもたちに明確に意識させる

　学級には様々な問題が起こりますが，**子どもたちは意外に気づいていないことが多い**ものです。

　ですから，まず子どもたち自身の問題として意識させることが必要になります。そのためには，具体的な事例をあげ，どこに問題があるのかを話し合わせます。

　例えば，廊下で教師やお客さんに会ったときにはきちんとあいさつをしているのに，教室では友だち同士であいさつをしていないとします。あまりにも親しい間柄なので，改めてあいさつをしようという意識がありません。

　このような問題を取り上げます。

　「皆さんは，先生やお客さんにはきちんとあいさつをしています。でも，朝教室に入って来たとき，お互いにあいさつをする人はあまりいません。友

だち同士のあいさつはしなくてもいいのでしょうか？」
といったように投げかけます。

## ② 問題の原因はどこにあるかを考えさせる

　子どもたちは，教師の問いかけによってはじめて問題に気づきます。そこで，**どうしてお互いにあいさつをしないのかを考えさせます**。グループで話し合わせてもよいでしょう。すると，「面倒だから」「いつも会っているからいいと思った」などの理由が出されます。

## ③ 問題にどう対処していくかを話し合わせる

　学級として，お互いにあいさつできるようにするには，どんな取り組みをしていけばよいのか，アイデアを出し，話し合います。
・あいさつ週間をつくる
・あいさつ係をつくって，呼びかけたり点検したりする
・あいさつ競争をして表彰する
・あいさつの練習を毎日する
などのアイデアが出るでしょう。それらの中から，学級としてどれに取り組むとよいのかを話し合いで決めます。
　教師が司会をしながら進行するのが基本ですが，**高学年になったら，この部分だけ子どもたちの自治的な活動に任せてもよい**と思います。

## ④ 自分自身はどう対処するかを考えさせる

　最後に，学級としての取り組みに対して，自分はどんな態度で参加したいと思うか，学級の取り組み以外に，自分にできることはどんなことかを考えさせ，**振り返りノートや心のノートなどに記録させます**。

# 4 「児童会活動」での話し合い

> 児童会活動には，代表委員会，委員会活動，児童会集会活動があります。この中で，最も話し合いが行われるのは，代表委員会です。代表委員会には異年齢の子どもが参加するので，高学年の子のリーダーシップが必要になります。それによって，低学年，中学年の子どもがあこがれをもてるようになります。

## ① 学級で十分な指導を行う

まず，議題については事前に確認が必要です。

代表委員会の議題は事前に学級に知らされます。また，学級の合意を経た意見を持ち寄ることも多いでしょう。それらを確認するのはもちろんのことですが，さらに，代表委員会での話し合いの方向性なども代表児童には説明をしておきます。

また，**話し合いそのものの運営の仕方や，参加者としての態度や心構えなどは，代表委員会の場で指導している時間はないので，学級で十分に指導しておくことが必要**となります。

## ② 運営委員会（または児童会計画委員会）

代表委員会での話し合い活動の運営にあたっては，運営委員会や児童会計

画委員会を設置して，計画や準備を行います。

　比較的大きな学校行事と関連する場合は，子どもの自治的な活動ではあっても，教師の十分な指導のもとに行う必要があります。そのために，**議決の範囲や方向性を事前に司会者に伝えておきます。**

　例えば，「１年間の学校のテーマを決める」という活動なら，「ひらがな20字前後」「学校の特色を表す○○○の文字を入れる」「ユーモアは交えない」といったことです。

## ③ 高学年がリーダーシップを発揮できるように

　代表委員会は異年齢集団での活動ですから，高学年の子，特に６年生がリーダーシップを発揮する場と考えるとよいでしょう。

　高学年が下学年への思いやりを示したり，リーダーシップを発揮したりするとともに，**下学年の子がそういう高学年の子へのあこがれを抱く場にもなります。**

　話し合いの中で，司会である６年生が意見を巧みに整理したり，下学年の子への思いやりや気遣いを示したりする姿が見せられるとよいでしょう。

## ④ 低学年学級との連携を図る

　代表委員会に参加する学級代表は，中学年以上が多いでしょう。低学年は代表委員会そのものに参加しません。ですから，低学年と代表委員会とのかかわりは薄くなってしまいます。

　発達の段階に応じているわけですが，代表委員会の存在を低学年の子どもたちにも知らせておくのはよいことです。

　話し合いの結果を知らせるのは当然ですが，可能ならば**話し合いの様子を見せられるとよい**と思います。直接見ることができなければ，数分間を撮影して見せるのもよいでしょう。

## 5 「教科指導」での話し合い

　学級の諸問題の解決についての話し合いや学級生活を楽しくするための話し合いと，教科指導の場面での話し合いとは，基本的なマインドや技術は同じですが，違いもあります。前者はアイデアの集約，合意の形成を目指し，後者は思考力の育成や正答の追究を目指します。教科指導での話し合いにはいくつかの留意点があります。

### ① 目的をはっきりさせる

　教科指導には目的があり，目的を達成するためにいくつかの目標が設定されています。例えば，社会科5年の目標に，次のようなものがあります。

　「〇〇平野の土地利用図，写真，グラフなどを通して，米づくりが地理的，気候的な条件と深くかかわっていることに気づき，〇〇平野で米の生産量が多い理由について話し合うことができる」

　この単元では，その土地で米づくりが盛んに行われている理由を，話し合いを通して追究することで，米づくりと自然環境のかかわりを学習します。
　つまり，「地理的，気候的な条件に気づき，米の生産量が多い理由を説明する（理解する）」という話し合いの着地点は決まっているのです。単に子どもたちが自分の意見を発表し，合意形成ができればよいという話し合いで

はありません。

このように，教科指導での話し合いは，**目的や目標という決められた着地点に向かって進めていかなければなりません。**

## ② 必要に応じて教師が介入する

目的や目標という決められた着地点に向かっていつも話し合いが進んでいけばよいのですが，そうはならないこともあります。子どもたちが気づかなかったり，気づいていても誤って理解したりしている場合です。

そのような場合は，**教師が介入して話し合いを軌道修正する必要があります。** 例えば，

「○ページの写真をよく見てみよう」

「資料集○ページのグラフと教科書のグラフを比べてみよう」

などと言って，気づいていなかった部分に気づかせたり，自分の見方の誤りを見つけさせたりします。

こうすることによって，子どもたちの話し合いの軌道が正され，学習内容が習得されます。

## ③ 必ずノートに書かせる

教科指導での話し合いは，話し合うことを通して教科の内容を教えるために行います。ですから，話し合いは活発に行われたが，教科内容の習得はなされていなかった，というのでは本末転倒です。話し合うことよりも，教科内容を学習することを優先しなければなりません。

ところが，ただ話し合っているだけでは，教科内容の学習は効果的に行われません。

そこで，ノートに自分の考えを必ず書かせることが必要になります。これは，**教科指導における話し合いの基本中の基本**です。

もちろん，話し合いの内容は教師が板書でまとめていくので，話し合いの途中経過や結果はわかります。しかし，子どもたち自身が自分で考えたことや気づいたことの多くは黒板には書かれません。
　子どもたち自身が考えたことや気づいたこと，できれば，他の子の考えたことや気づいたことなども，ノートに書かせるとよいでしょう。

## ④ メモのとり方を教えておく

　ノートに書かせるためには，ぜひともメモのとり方を教えておきたいものです。
　子どもたちに他の子の発言をメモさせるとします。
　次のように発言したとしましょう。
　「ぼくは，米の生産量が多い理由はきれいな水だと思います。水がきれいだとおいしいお米ができると思うからです」
　メモのとり方を指導されていないと，子どもたちはこの発言をすべて書こうとします。その結果，「ぼくは，米の生産量が…」くらいまで書いたところで発言が終わってしまい，**肝心の理由を聞き逃してしまいます。**
　そこで，前章でも紹介したようなメモのとり方を，実例をあげて教えておきます。
・単語で書く（長くても単語３〜４個）。
・箇条書きにする。
・抽象度をそろえる（箇条書きの高さをそろえる）。
・記号を使う。
・乱暴でも自分が読めればよい。

## ⑤ 話し合いが必要な場面を見極める

　教科指導における話し合いの目的は，大きく２つです。

1つは，**自分自身の思考をまとめること**です。

　話し合いですから，自分の意見を述べることが必要です。そのためには自分の意見をもたなければなりません。自分の意見をもつためには，たくさん探したり比べたり理由を考えたりして思考をまとめることが必要です。

　もう1つは，**他の人の考えを知ること**です。

　他の人の発言によって，自分では気づかなかったことに気づきます。気づいたことでさらに新しいことに気づくかもしれませんし，新たな考えが浮かぶかもしれません。

　ということは，この2つが中心となる学習場面で話し合いを取り入れると，学習効果がより高まるということになります。

　反対に，そのような学習以外の場面で話し合いを行っても，あまり意味はないということになります。

　例えば，日本で米づくりが盛んな地域を資料を使って調べる活動や，学習したことを新聞にまとめる活動などでは，話し合いをしてもあまり学習効果は高まらないでしょう。

## 6 「国語の授業」での話し合い

　国語の授業では，話し合いがよく行われます。特に「読むこと」の学習で行われます。子どもたちによって文章の読み取り方に違いがあるため，話し合いになりやすいからです。また，話し合いを通してより正しく文章を読み取ることができるからです。

### ① 答えが分かれる問いを用意する

　話し合いに適した問いでなければ，話し合いにはなりません。例えば，
　「ごんはどこに住んでいますか？」
と問われれば，
　「しだのいっぱい茂った森の中の穴」
と答えます。
　これでは話し合いにはなりません。どの子もこの部分を答えるでしょうし，実際にこれが正解だからです。
　話し合いが成立するためには，答えが分かれることが望ましいのです。例えば，
　「ごんは，見つからないように，草の深いところから兵十をのぞきます。どうして見つからないようにしているのですか？」
と問うたとします。
　子どもたちの答えは，次の2つに分かれるでしょう。

「見つかると兵十にひどい目にあわされるから」
「いたずらがバレないように」
　このように答えが分かれると，どちらが文章の読み取りとして適切かを話し合うことができます。

## ② 自分の立場を明確にさせる

　問いを発したら，まず子どもたち一人ひとりに，自分の立場を明確にさせましょう。ノートに書かせるとはっきりします。
　先の問いならば，どうして見つからないようにのぞくのか，その理由を書かせます。
　全員に理由を書かせたら，発表させます。子どもたちから出た意見は板書します。
　このとき，先の例のように2つの意見に集約されればよいのですが，5つとか6つとか，意見がたくさん出ることがあります。
　その場合は，それぞれの意見にA，B，C…と記号をつけ，
　「もう一度考えて，自分がよいと思うものを選び，その記号を書きなさい」
と再考させます。他の子の意見を知って気づく子もいるからです。こうすることで，自分の立場が明確になります。

## ③ それぞれの意見の人数を把握する

　子どもたちが自分の立場を明確にしたら，それぞれの意見を支持する子が何人いるのかを調べます。
　人数を調べる目的は，自分と同じ意見を選んだ子が何人くらいいるのかを子どもたちが知ることと，**話し合いに入ったときに，人数の少ない意見から検討するため**です。

## ④ 根拠を書かせる

　立場をはっきりさせただけでは話し合いは深まりません。どうしてそう考えたのか，根拠を示さなければなりません。
　立場をはっきりさせたら，次にその根拠をノートに書かせます。
　どうして，「見つかると兵十にひどい目にあわされる」と考えたのか，その根拠はどこにあるのかを書かせます。「いたずらがバレないように」と考えた根拠も同様です。
　この根拠があるから話し合いになります。
　なお，立場をはっきりさせることと，根拠を書くことは同時に行うこともできます。しかし，**同時に行うと，根拠に自信のない子は立場をはっきりさせることすらしようとしないことがあります。**ですから，1つずつ確実に指示をしていく方がよいでしょう。

## ⑤ 近くの子同士で話し合わせる

　時間に余裕があれば，クラス全体で話し合う前に，近くの子同士で話し合わせてもよいでしょう。教師が全員のノートを事前に見てもよいと思います。こうすることで，全体での話し合いのときに発言しやすくなります。
　また，この少人数での話し合いを通して，意見が変わる子も出てきます。少人数での話し合いを行ったら，**意見が変わったかどうかを確認して，人数を変更しておきます。**

## ⑥ 少数意見から取り上げる

　いよいよ全体の話し合いが始まります。
　意見が2つか3つ程度ならば，少数意見から検討します。少数意見を選ん

だ子どもたちに理由を述べてもらいます。

　全員が理由を述べたら，

　「今の意見に対して，反対意見がある人はどうぞ」

と，反論を促します。

　反論に対して再反論ができなければ，この意見は否定されます。

　同様に，次の少数意見について検討します。

　もしも，意見がもっとたくさん出ていたならば，

　「この中で，おかしいと思うものを１つノートに書きましょう」

と指示して書かせ，おかしい理由も書かせます。そうして，根拠が不適切な意見を消去していきます。

　時間がないなら，**教師が大きくいくつかに集約して，改めて子どもたちに選ばせる方法もあります**。

 ## ２つの意見の対立状況にする

　最終的には，２つの意見を残して，どちらが正解かを話し合わせるようにすると，話し合いがしやすくなります。

　発言は，**自分の立場の根拠ではなく，相手の意見の否定，相手の意見への反論を述べるようにします**。否定された側は，再反論をすることになります。再反論ができなくなった側が最終的に否定されることになります。

 ## ジャッジは教師が行う

　話し合いが白熱してくると，子どもたちは感情的になったり，感情が論理を上回ったりします。そうなると，不毛な話し合いになることがあるので，教師が上手にリードしたりジャッジしたりする必要があります。

　また，**最終的には教師の解を子どもたちに示して，話し合いを終了する**とよいでしょう。

# 7 「道徳の授業」での話し合い

> 道徳の時間にも話し合いはよく行われます。話し合いが行われない道徳の授業の方がずっと少ないでしょう。それくらい，道徳の授業と話し合いは相性がよいと言えます。
> 道徳の授業での話し合いのポイントをいくつか述べます。

## ① どこで話し合うのかを吟味する

　道徳の授業と話し合いは相性がよいからといって，いつでもどこでも話し合いをするというわけにはいきません。話し合ってばかりいては時間も足りなくなりますし，焦点もぼけてしまいます。
　相性がよいからこそ，どこで話し合わせるのか，何で話し合わせるのかを吟味する必要があります。そうしないと，ねらいに迫ることができずに，時間ばかりが経ってしまうということになります。
　一般的には，**中心発問について話し合う**ことになるでしょう。
　有名な道徳の教材「手品師」を例に考えてみましょう。こんな話です。

　腕はいいが売れない手品師が，ある日街角で一人ぼっちの寂しい少年に出合い，手品で彼を励まします。
　明日もまた会う約束をして別れますが，その晩，手品師の友人から連絡が入ります。明日，ステージに立つ予定の手品師の都合が悪くなったので，か

わりに出てくれというのです。

　手品師にとっては長年の夢をかなえるチャンスです。しかし，あの少年との約束もあります。

　迷った結果，手品師はステージに立つチャンスを捨て，街角で少年に手品を見せます。

　さて，話の山場は大ステージに立つチャンスと少年との約束の間で，手品師の心が揺れ動く場面です。中心発問は，例えば，
「手品師はどうして少年との約束を選んだのでしょうか？」
「どちらを選んだ方が手品師にとって幸せだと思いますか？」
「手品師はどうすればよかったと思いますか？」
などが考えられるでしょう。
　なお，
「手品師はどんな気持ちだったでしょうか？」
という**気持ちを問う発問では，有意義な話し合いにはなりにくいので注意が**必要です。話し合いをするには発問の吟味も必要です。

## ② 考えをノートに書かせる

　自分の考えをノートに書かせることが大事です。国語の授業でも書きましたが，道徳ではもっと大事なことです。

　よく，「道徳の授業ではノートを使わせない，書かせない」という人がいます。それはそれで１つの考え方です。ただ，書いた方が自分の考えがはっきりしますし，後に残ります。

　道徳性とは，道徳的な判断力，心情，実践意欲と態度と言ってもよいと思います。

　人はＡかＢかの判断をする際に，心の中で決めただけでは，次に何か出来事が起きると，迷ってしまうことがあります。自分がどのように判断してい

たのかあやふやになるのです。
　それは，**判断をしていたのではなく，判断をしていたような気分になっていただけ**だからです。
　こういったことを避けるためにも，ノートに自分の判断，考えを書かせることが必要です。

## ③ 正答や結論を求めない

　道徳の授業と国語の授業は，見た目はとてもよく似ています。
　でも，大きな違いがあります。
　国語の授業では，登場人物の心情や行動を文章に即して読み取ることが求められます。ですから，そこには正答があり，妥当な読み取りがあります。また，それを読み取ることが目標です。
　それに対して，道徳の授業では，必ずしも文章に即して読み取ることは求められません。
　設定を無視して好き勝手に想像することはよくありませんが，文章に書いていない部分を補って，自分の判断や価値観で考えることが許されます。またそういう活動を通して道徳性が培われます。
　これは，道徳授業での話し合いにも言えることです。
　つまり，**必ずしも，国語の授業のように正答や妥当な読み取りを目指したり，学級会活動のように結論を出したりする必要はない**ということです。
　「手品師」の授業で，
　「どちらを選んだ方が手品師にとって幸せだと思いますか？」
と問うたとします。ある子は，
　「少年との約束を守った方が幸せだと思います。ステージに立つのは手品師の夢でしたが，それは少年との約束を破ることで，約束を破ったという思いを手品師はずっと持ち続けることになるからです」
と考えたとします。また，ある子は，

「ステージに立った方が幸せだと思います。自分の長年の夢をかなえることが幸せにつながると思うからです。その後で何とかして少年に会って，事情を話せばいいと思います。そのことを少年も喜んでくれると思います」
と考えたとします。

このように意見が対立した場合，国語の授業と同じように，反対意見を出し合いますが，結論が出ることはありませんし，また結論を出す必要もありません。

話し合い，反論をし合うことを通して，子どもたちそれぞれの道徳的な判断力や心情が培われていけばよいのです。

ただし，基本的な生活習慣やマナー，大多数の人が肯定する道徳的価値観などを扱う場合は，共通理解をすることが必要です。

## ④ 話し合いの後で振り返る

話し合いをした後で，話し合いを振り返って自分の考えや思いを改めて書いてみることが大切です。この振り返りによって，**自分自身をもう一度見つめることになり，自分の生き方を考える**ことになります。

国語＝文章に即して　　　　　道徳＝思いに即して

# 8 「社会や理科の授業」での話し合い

　国語や道徳の授業以外にも，各教科で話し合いは行われます。中でも社会や理科の授業で比較的多く行われるでしょう。話し合いを通して，考える力や多角的・多面的に見る力を育てます。また，話し合いを通して学習内容の習得を目指します。

## ① 話し合いのポイントを見える化する

　例えば，社会で，「これから力を入れた方がよいのは『天然漁』か『養殖業』か」というテーマで話し合ったり，理科で「新しいジャガイモのデンプンはどこでつくられるのだろうか」というテーマで話し合ったりするとします。

その際に，**テーマを板書したうえで，話し合いのポイントがわかるイラストや図を添える**と，とてもわかりやすくなります。例えば，天然漁と養殖業のイラストや写真を並べて貼ったり，ジャガイモの新しいイモのついた写真を貼って，「このデンプンはどこから？」と書き添えたりします。

## ② 小集団を活用する

　社会や理科の授業では，学級全体で話し合うよりも，小集団で話し合った方が効率的です。それは，**実物を見ながら考えたり，資料を見ながら話し合ったりすることが多いから**です。

　学級全体に意見を述べるのは，各小集団の結論を発表したり，各小集団の結論の違いを話し合ったりするときなどに限定すると，時間を効率的に使うことができます。

## ③ 資料を根拠にして話し合う

　国語の授業では，文章表現を根拠に話し合いました。
　社会や理科の話し合いでは，各種のデータや写真などの資料を根拠にして話すと説得力が増すことを教えましょう。
　**根拠として用いることで，資料を読む力や多角的に見る力も育ちます。**

## ④ 意見の出し合いだけに終わらない

　「天然漁」か「養殖業」かと問うと，子どもたちの意見はたくさん出されますが，出されただけで終わってしまうことがあります。話し合いですから，もう一歩踏み込んで，反論をさせたいものです。
　**反論をし合うことで，考えもより深まる**からです。

【著者紹介】
山中　伸之（やまなか　のぶゆき）
1958年栃木県生まれ。宇都宮大学教育学部卒業。栃木県公立小中学校に勤務。
●研究分野
　国語教育，道徳教育，学級経営，語りの教育
　日本教育技術学会会員，日本言語技術教育学会会員
　日本群読教育の会常任委員，「実感道徳研究会」会長
●著書
『今日からできる　学級引き締め＆立て直し術』『新任３年目までに身に付けたい　保護者との関係構築術』（以上，明治図書）『全時間の板書で見せる「わたしたちの道徳」』『ちょっといいクラスをつくる８つのメソッド』（以上，学事出版）『キーワードでひく小学校通知表所見辞典』『できる教師のどこでも読書術』（以上，さくら社）『できる教師のすごい習慣』『忙しい毎日が劇的に変わる　教師のすごいダンドリ術！』（以上，学陽書房）他多数。

学級経営サポートBOOKS
学級会からペア学習まですべておまかせ！
話し合いができるクラスのつくり方

2017年3月初版第1刷刊
2017年11月初版第2刷刊
Ⓒ著者　山　中　伸　之
発行者　藤　原　光　政
発行所　明治図書出版株式会社
　　　　http://www.meijitosho.co.jp
　　　　（企画）矢口郁雄　（校正）大内奈々子
　　　　〒114-0023　東京都北区滝野川7-46-1
　　　　振替00160-5-151318　電話03(5907)6701
　　　　ご注文窓口　電話03(5907)6668

＊検印省略　　　　組版所　株式会社明昌堂

本書の無断コピーは，著作権・出版権にふれます。ご注意ください。

Printed in Japan　　　　　　　　　ISBN978-4-18-109711-0
もれなくクーポンがもらえる！読者アンケートはこちらから →